Clemens Bittlinger · Fabian Vogt

Die Sehnsucht leben

Clemens Bittlinger
Fabian Vogt

Die Sehnsucht leben

Gottesdienst – neu entdeckt

Kösel

Die Illustrationen in diesem Buch stammen von
Matthias Hütter, Schwäbisch-Gmünd

ISBN 3-466-36527-9
© 1999 by Kösel-Verlag GmbH & Co., München
Printed in Germany. Alle Rechte vorbehalten
Druck und Bindung: Kösel, Kempten
Umschlag: Kaselow-Design, München
Umschlagmotiv: Stock Image/Premium

1 2 3 4 5 · 03 02 01 00 99

Gedruckt auf umweltfreundlich hergestelltem Werkdruckpapier
(säurefrei und chlorfrei gebleicht)

Inhalt

Vorwort

Es soll ja herrliche Zeiten gegeben haben, in denen die Gläubigen freiwillig und voller Enthusiasmus in den Gottesdienst gingen – bisweilen sogar unter Lebensgefahr. Und das, was sie da miteinander feierten, war so inspirierend, ansteckend und lebensrelevant, dass immer mehr Neugierige dazukamen – und bald genauso begierig darauf waren, Gott in der Gemeinschaft zu begegnen und zu erfahren, wie ihre Sehnsucht nach erfülltem Leben gestillt werden könnte.

Auch heute besuchen manche Menschen den Gottesdienst unter »Lebensgefahr«: Weil sie das meiste nicht mehr verstehen, weil sie von ihren Freunden und Bekannten komisch angeguckt werden, wenn sie dort hingehen, weil ihre Sehnsüchte in den Angeboten kaum noch vorkommen und weil sie selbst nicht immer begreifen, was man diesen »seltsamen« Ritualen an Lebensqualität abgewinnen kann.

Dass die Kirche vielen Menschen fremd geworden ist, liegt allerdings nicht an der Liturgie selbst, sondern daran, wie wir sie (im wahrsten Sinne des Wortes) »abhalten«, wie wir an alten Formen festkleben, anstatt nach den eigentlichen Inhalten zu fragen, die ursprünglich damit vermittelt wurden. In einer sich wandelnden Kultur kann die Freiheit des Glaubens schnell in Traditionen eingesperrt sein. Das, was Christen über Jahrhunderte existenziell berührt hat, ist für einen »Kirchendistanzierten« von heute kaum noch nachzuvollziehen, und auch Insider wissen in der Regel nicht mehr, welche faszinierenden Erfahrungen sich hinter den einzelnen Elementen der Liturgie verbergen.

Letztlich geht es im Gottesdienst um Sehnsüchte und um Gottes Zusage, uns ein Leben in Fülle zu schenken. Denn da, wo unsere Sehnsüchte von Gott erfüllt werden, erfahren wir Heil. Darum wird es Zeit, einmal zu fragen, welche urmenschlichen Sehnsüchte zur Gestaltung der Liturgie geführt haben und wie man die Formen so aufpolieren kann, dass sie wieder anfangen zu leben.

Als Pfarrer und Künstler sind wir, die Autoren, von der Kirche beauftragt, neue Gottesdienstformen zu entwickeln. Und dabei sind wir immer mehr auf die alles entscheidende Funktion der Sehnsüchte aufmerksam geworden, der menschlichen Hoffnungen und Träume, die verzweifelt im Alltag nach Konkretionen suchen, von denen wir glauben, dass sie im Gottesdienst längst angeboten werden.

Und nicht zuletzt erfüllen wir uns mit diesem Buch eine eigene Sehnsucht. Nämlich die nach Gottesdiensten, in denen Menschen mit leuchtenden Augen, offenen Herzen und in einer tragenden Gemeinschaft den Gott feiern, der zu allen Zeiten Mut zur Veränderung gemacht hat.

Eine anregende Lektüre wünschen Ihnen

Clemens Bittlinger & Fabian Vogt

Einleitung

Warum wir die Sehnsüchte wieder entdecken müssen!

Wenn jemand einen mitreißenden Kinofilm gesehen oder ein bewegendes Buch gelesen hat, dann wird er sofort den Menschen, die ihm lieb sind, begeistert davon erzählen und sie motivieren, sich diese wundervolle Erfahrung auf keinen Fall entgehen zu lassen. Vielleicht kann er manchmal gar nicht genau sagen, was es war, das diesen Film so außergewöhnlich oder diesen Roman so fesselnd gemacht hat. Aber irgendetwas in ihm wurde angeregt und hat sein Leben bereichert. Irgendeine Sehnsucht ist gestillt worden.

Die Kirchen in Deutschland wären sorgenfrei, wenn sie dieses Phänomen für sich verbuchen könnten: dass ihre Mitglieder so angeregt, beschenkt und ermutigt aus den Gottesdiensten kommen, dass sie gar nicht anders können, als sofort ihre Freunde anzurufen, um ihnen von diesem beglückenden Erlebnis zu erzählen. So war es gedacht, so sollte es sein und so erträumen es sich die Autoren dieses Buches. Denn die Voraussetzungen dafür haben wir in den Liturgien der großen Kirchen überall; doch sie konnten sich leider so ungefragt in Ritualen verfestigen, dass wir ihren Reichtum nur noch in den seltensten Fällen wahrnehmen. Dabei ist kein Ort besser geeignet, um gemeinsam an den großen Fragen des Lebens zu arbeiten, mit der Gemeinschaft zu feiern und sich als von Gott beschenktes Individuum wahrzunehmen, als ein Gottesdienst – ein »mit ganzem Herzen, mit ganzer Seele und mit aller Kraft« gefeierter wohlgemerkt. Um den verschütteten Schätzen auf die Spur zu kommen, müssen wir wieder nach den Menschen fragen, nach ihren Bedürfnissen, Wünschen und Erwartungen, die nach Ansicht der meisten Mitglieder – das belegen viele Umfragen – heute von der Kirche kaum noch wahrgenommen werden. Dabei geht es letztlich immer um unsere Sehnsüchte.

Wir Menschen sind voller Sehnsüchte. Wir erfahren in bestimmten Momenten Glück, in denen unsere innersten Erwartungen gestillt werden, und träumen eigentlich ein Leben lang von einem Dasein, in dem uns nichts mehr unruhig umhertreibt. Als wäre in uns eine unbewusste Erinnerung oder ein Bild heilen Lebens bewahrt. Auch ein Gottesdienst steckt voller Sehnsüchte. Hoffentlich jedenfalls! Da kommen unterschiedlichste Menschen zusammen, die alle Gottes Liebe feiern und immer neu davon berührt werden wollen – oder zumindest die Hoffnung mitbringen, mehr von den Geheimnissen des Lebens zu erfahren. Denn wenn die Suche nach Glauben und dem Sinn des Lebens im Mittelpunkt steht, dann wird jede und jeder Einzelne mit all seinen Erwartungen an das Leben, seinen Ängsten und Fragen konfrontiert, die normalerweise im Alltag ausgeblendet bleiben. Ein Gottesdienst ist ein Ort und ein Geschehen, in dem sich die tiefsten und bestimmendsten Sehnsüchte des Menschen entfalten und gestalten können. Und: in dem sie gestillt werden. Denn Gott verspricht dem Menschen ein Leben in Fülle, während Sehnsucht immer etwas mit Leere zu tun hat. Das ist für das Verständnis dieses Buches ganz entscheidend: Wir sind davon überzeugt, dass es eine dauerhafte und existenzielle Erfüllung unserer Sehnsüchte nur bei Gott gibt. Es geht also nicht um subjektive Glücksmomente, sondern um gelingendes Leben. Darin unterscheiden sich Sehnsüchte auch von den eigentlich ganz positiven Wünschen. Wünsche liegen außerhalb unserer selbst, Sehnsüchte tief in uns. Ein Wunsch richtet sich auf das Erlangen eines Objektes, eine Sehnsucht auf die Entwicklung eines Subjektes, des Menschen selbst also. Und wir müssen wieder lernen, unsere Gottesdienste so zu feiern, dass die oft schlafengelegten Sehnsüchte nicht nur geweckt, sondern auch erfüllt werden.

So wurde jedenfalls kurz nach Jesu Auferstehung das Zusammenleben der Christen organisiert. Obwohl: wahrscheinlich nicht einmal das. Es ist einfach geschehen. Die ersten Christen haben, sicher ohne lange darüber nachzudenken, ganz ungezwungen angefangen, ihren Sehnsüchten Raum zu geben. Sie wollten und konnten gar nicht anders, als miteinander diesen Gott zu preisen, der ihr Leben so unfassbar verändert hatte. Sie suchten eine Gemeinschaft, die ihnen helfen konnte, in einer oft feindlich gesinnten Umgebung ihre neue Hoffnung auch zu leben. Und jeder konnte spüren, dass der neue Glaube eine Form braucht, einen fruchtbaren Boden, auf dem er gedeihen kann. So entstanden schnell die ersten Gemeindeansätze: Die Menschen haben einander aus einem inneren Bedürfnis heraus in den Privatwohnungen getroffen, zusammen gegessen, von ihren persönlichen, unglaublichen Glaubenserfahrungen erzählt, Gott gelobt und versucht, in der Gemeinschaft immer mehr von diesem faszinierenden Jesus zu begreifen.

Wenn man diese Zusammenkünfte der frühen Gemeinden betrachtet, dann entdeckt man schnell, wie lebensnah, relevant und konkret das Miteinander gestaltet war. Die Erfüllung der Sehnsüchte, die ein Leben gelingen lässt, geschah in einem festlichen und sehr persönlichen Rahmen, den wir heute – seit Martin Luther – etwas spröde »Gottesdienst« nennen. Das, was die Christinnen und Christen existenziell berührt hat, kam aber nicht nur im gemeinsamen Feiern der ersten Jahrhunderte zum Ausdruck, es ist auch heute noch in den rituellen Abläufen spürbar und zeigt das ganze Panorama des Glaubens auf.

Die Sehnsüchte der Menschen sind durch die Jahrhunderte die Gleichen geblieben – genau wie vor zweitausend Jahren sehnen wir uns nach Geborgenheit, Vergebung, Zuspruch, Erhabenheit oder Gemeinschaft. Nur die Art, wie wir diese Sehnsüchte gestalten und erfahren, ist in einer sich fundamental verändernden Kultur nicht die Gleiche geblieben. Viele Formen, die vor fünfhundert Jahren dem Lebensgefühl und den existenziellen Erfahrungen der Menschen entsprachen, antworten heute auf die grundlegenden Fragen der Menschen nicht mehr – zumindest werden sie oft nicht mehr verstanden. Elemente, die zu ihrer Zeit genau die passende Gestalt boten, um einer bestimmten Sehnsucht nachzugehen, müssen das heute nicht mehr aus sich heraus tun. Jedenfalls dann nicht, wenn ich als Nicht-Insider ihre Symbolkraft und die ursprüngliche Bedeutung nicht mehr erkenne. Eine trockene Hostie hat mit einem gemeinsamen Abendessen so viel zu tun, wie ein kurzes, emotionsloses Zunicken mit einer liebevollen Umarmung. Wie soll ein Kirchendistanzierter bei einem geschmacklosen Stück Esspapier an eine gesegnete und stärkende Tischgemeinschaft mit Gott und den Menschen denken? (Eine launige Definition sagt übrigens: »Kirchendistanzierte sind diejenigen, von denen sich die Kirche aufgrund ihrer Kultur distanziert hat.«)

Und so, wie es unverständlich und sinnentleerend wäre, in die Parkuhr vor dem Kaufhaus auch dann noch Geld zu werfen, wenn ich kein Auto mehr habe, ist es sinnlos, Texte herunterzubeten, die ich als interessierter Besucher oft schon von der Sprache her kaum noch nachvollziehen kann (»All Fehd hat nun ein Ende«), die mich nicht berühren und die mit Sicherheit mit der zeitgemäßen Gestaltung meiner Sehnsüchte nichts mehr zu tun haben. Darum bleibt der Gottesdienst für viele, selbst für Insider, in weiten Teilen unverständlich.

Wer es wagt, seine Gemeindeglieder einmal ernsthaft zu befragen, ob sie denn wissen und nachvollziehen können, was die liturgischen Elemente »Votum« (Im Namen des Vaters, des Sohnes und des Heiligen Geistes), »Kyrie« (Herr, erbarme dich), »Gloria« (Ehre sei Gott in der Höhe) oder »Salutatio« (Der Herr sei mit euch) eigentlich sind und ausdrücken, wird in der Regel nur Ratlosigkeit und Schulterzucken ernten. Und selbst beim Segen ist zu befürchten, dass die wenigsten Gottesdienstbesucher ahnen, worum es dabei in Wirklichkeit geht. Doch nur jemand, der weiß, was in einem Gottesdienst geschieht, kann aus vollem Herzen mitfeiern – und darüber nachdenken, welche Formen es denn geben könnte, die die ursprünglichen Erfahrungen für die Gemeinde des einundzwanzigsten Jahrhunderts nachvollziehbar und erlebbar umsetzen. Darum kann der Gottesdienst nur dann wieder mit neuem Leben gefüllt werden, wenn wir uns bewusst machen, was die liturgischen Elemente eigentlich ausdrücken wollen, und wenn wir Möglichkeiten finden, sie für Menschen des einundzwanzigsten Jahrhunderts erfahrbar zu machen.

Dieses Buch will für Kircheninsider und für Kirchendistanzierte die Grundlagen der Liturgie so erläutern, dass die dahinterliegenden Ideale, Träume und Lebenskonzepte deutlich werden, die ursprünglich mit ihnen verbunden waren. Das hilft einerseits, die traditionellen Abläufe mit Bewusstsein und wirklicher Anteilnahme feiern zu können, es macht aber andererseits auch deutlich, dass eine Formendiskussion letztlich fruchtlos bleibt, solange sie nicht fragt, wie die eigentlichen, urmenschlichen Sehnsüchte heute gestaltet werden können. Es geht also nicht etwa um eine so merkwürdige und teilweise mit erstaunlich radikalen Mitteln umkämpfte Frage, ob denn nun Orgelmusik oder Sakro-Pop den richtigen Rahmen für einen Gottesdienst bieten. Beides war Jesus und der Urgemeinde völlig fremd! Wenn ich aber verstehe, welche Erwartungen im gemeinsamen Singen und Musizieren vor Gott zum Ausdruck kommen, kann ich überlegen, ob eine bestimmte musikalische Stilrichtung mir persönlich bei der Gestaltung dieser Sehnsüchte weiterhilft oder nicht und ob sie für mich den Raum zu einer Gotteserfahrung öffnet. Erst die Rückbesinnung auf den eigentlichen Inhalt macht es möglich, über die Berechtigung neuer Gestaltungsmöglichkeiten nachzudenken.

Ziel dieses Buches ist es daher sicher nicht, mit allen Mitteln eine Modernisierung herbeizureden, Ziel ist eine Belebung und Intensivierung des Gottesdienstes. Wem traditionelle Formen helfen, seinen Glauben voller Freude und in einer lebensrelevanten Weise zu feiern, dem soll nichts weggenommen werden; im Gegenteil: der wird durch die Beschäftigung mit den Sehnsüchten seine Liturgie noch einmal ganz neu lieb gewinnen. Bei aller Fürsorge für traditionsbewusste Kirchgänger darf aber nie die große Menge der Menschen vergessen werden, die nicht aus mangelndem Glauben dem Gottesdienst fernbleiben, sondern weil er sie einfach nicht mehr anspricht und sie mit ihren spirituellen Sehnsüchten dort keine Heimat finden.

Solange sich der Gottesdienst weiterhin zu einer »kulturellen Verhaltensanomalie« entwickelt, wie es ein Theologe einmal überspitzt formuliert hat, müssen sich die Kirchen bewusst sein, dass die verschreckten Menschen andere Formen suchen werden, um ihren Sehnsüchten Raum zu geben. Die neuen Religionsformen haben vor allem deshalb wachsenden Erfolg, weil die Menschen dort Antworten auf ihre Sehnsüchte finden. Und sie sind sogar bereit, dafür unlogische, entmündigende und freiheitsraubende Glaubenslehren in Kauf zu nehmen.

Natürlich darf und soll ein christlicher Gottesdienst nicht einfach den Alltag kopieren. Es ist gut, wenn die Gemeinde spürt, dass das Vertrauen auf die Gegenwart Gottes in der Gemeinschaft etwas Besonderes ist. Das darf aber nicht dazu führen, dass ein allzu »sakrales« Bewusstsein nur noch durch lebensfremde und erstarrte Riten erzeugt werden kann. Jesus jedenfalls war zu seiner Zeit immer darum bemüht, auf seine Zeitgenossen zuzugehen, mit ihnen zu leben, ihnen in ihrer Sprache mit Bildern aus ihrer Lebenswelt und mit Bezug auf ihre Bedürfnisse etwas von der Liebe Gottes zu erzählen und ihre Sehnsüchte direkt anzusprechen. Kommunikation kann nämlich nur dann gelingen, wenn alle Beteiligten die gleiche Sprache sprechen. Dass ich mit deutschen Predigten in Japan sicher kaum einem Zuhörer die Nähe Jesu deutlich machen kann, leuchtet jedem ein, dass aber eine unverständliche Liturgie eine ebenso vergeudete Liebesmüh ist, wagen wir leider bisher zu selten auszusprechen.

Die hinter den Traditionen verborgenen Sehnsüchte wieder zu entdecken, ist daher der wichtigste Schritt auf dem Weg zu einem neuen Gottesdienst. Denn eines darf man nicht vergessen: Die Sehnsucht der Menschen nach dem Mysterium, nach spirituellen Erfahrungen und nach geistlichem Feiern nimmt nicht ab, sondern zu. Die fortschreitende Auflösung von Traditionen und Werten, an denen man sich orientieren konnte, führt zu einer verstärkten Nachfrage nach Sinngebung und Lebenskonzepten. Daher werden in Zukunft immer häufiger Menschen in die Kirche kommen, die große Erwartungen, aber kaum noch Wissen über die Bibel, über Jesus, den Glauben, die Symbole, geschweige denn die Liturgie eines Gottesdienstes haben. Und sie kommen in der Regel nur einmal. Wenn es den Gemeinden nicht gelingt, ihre Gottesdienste so zu verändern, dass sie die unfassbare Größe und Herrlichkeit Gottes wieder sichtbar und spürbar machen, führen sie sich selbst ad absurdum. Das Christentum kann und darf keine Geheimreligion sein, deren Vollzug sich erst einem Eingeweihten – nach langen Einführungen in die sakralen Ordnungen – eröffnet. Glaube, Liebe und Hoffnung sind trotz ihrer Komplexität einfache und klare Botschaften, die auf allen Bewusstseinsebenen bewusst gemacht werden können.

Wie der Gottesdienst zum Fest wird: durch Heil, Weisheit und Klugheit

Eine Sache sollte von Anfang an deutlich sein, auch wenn sie im Verständnis der meisten Menschen noch nicht allzu fest verankert ist: Ein Gottesdienst hat seit den Zeiten der ersten Gemeinden den Charakter des *Festes*. In ihm gestalten die Christinnen und Christen vor und mit Gott ihren Glauben und geben ihm eine feierlich-lebendige Form, die vom Miteinander und dem Bewusstsein für das Ablegen des Alltags getragen wird. Loben, sich Einlassen auf Gottes Gegenwart und sein Wort, sich Öffnen und füreinander da sein sind dabei nur einige der Charakteristika, die gemeinsam zelebriert werden.

Eine der schönsten Prophezeiungen aus Jesaja beschreibt recht genau, was die Gemeinschaft der Gläubigen auszeichnen wird: »Und du wirst sichere Zeiten haben: Reichtum an Heil, Weisheit und Klugheit!« (33, 6) Vielleicht ist es gewagt, solch eine auf das Volk Israel bezogene Weissagung einfach auf den Gottesdienst zu übertragen, sie verdeutlicht aber die überall vorhandene Hoffnung auf ein friedvolles Leben mit Gott. Denn in ihr findet sich einerseits die bei allen Umfragen vorherrschende Sehnsucht der Menschen nach einem geistlichen Zuhause (»sichere Zeiten«) in ihrer Gemeinde, andererseits wird aber auch deutlich, wodurch sich das Miteinander darüber hinaus auszeichnen sollte: durch die Vermittlung von Heil, von Weisheit und von Klugheit. Das, was die Bibel als Weisheit bezeichnet, meint fast immer die Fähigkeit, die eigene Gottesbeziehung zu gestalten, während Klugheit die Bewältigung des Alltags betrifft. Heil aber ist das Sich-Geborgen- und Gestärktfühlen, natürlich auch in einem Gottesdienst. Ein Gottesdienst, der diese drei Dinge leistet, wird für jede Christin und jeden Christen, aber auch für kirchendistanzierte Besucher zu einem Gewinn. Der Gast erfährt Heil in Form gelingenden Miteinanders mit Gott und den Menschen, er wächst in seinem Glauben, und er bekommt Hilfen für sein praktisches Leben.

In der Regel finden wir in den vorhandenen Gottesdienstmodellen selten mehr als eines dieser Elemente wieder. Manchmal gar keines. Dort, wo viel Lehre praktiziert wird, fehlen meist Erfahrung und Konkretion, wo viele Gefühle ausgedrückt werden, Theologie und Lebenshilfe usw. Oft ist schon diese grundsätzliche Anfrage an das gottesdienstliche Geschehen ein Auslöser für eine heilsame Veränderung: Wo liegen eigentlich in unserem Gottesdienst in … die Schwerpunkte? Aber auch die großen kirchlichen Traditionen haben sich meist nur auf einem Gebiet weiterentwickelt. Während protestantische Gottesdienste häufig sehr lehrhaft sind und vor allem die Weisheit ihrer Besucher fördern wollen, leben katholische und charismatische Traditionen auf ganz unterschiedliche Weise von den sinnlichen Erfahrungen der Gemeinde. Politische oder gänzlich themenoriente Gottesdienste dagegen legen ihren Schwerpunkt in der Regel auf konkrete Lebenshilfe oder gesellschaftliches Engagement. Natürlich ist diese Unterscheidung sehr grob, es lohnt sich aber, die eigenen Gottesdienste und die Träume von neuen Formen immer auch daraufhin zu befragen, ob sie nicht Gefahr laufen, in die gesunde Trias »Heil, Weisheit und Klugheit« ein Ungleichgewicht zu bringen, dem dann immer auch einige wesentliche Sehnsüchte der Menschen zum Opfer fallen.

Wer über einen Gottesdienst des neuen Jahrtausends nachdenken will, muss auch bereit sein, manche der vorhandenen Formen als Auslaufmodelle beiseite zu legen. Wohl bemerkt: die Formen, nicht die Inhalte. Noch immer aber existiert in den Gemeinden eine bisweilen fanatische Furcht davor, Traditionen loszulassen, neue Elemente auszuprobieren – und möglicherweise damit einige der bisherigen Gottesdienstbesucher vor den Kopf zu stoßen. Das mag liebevoll gemeint sein, ist aber letztlich lieblos: nämlich den vielen Menschen gegenüber, die gar nicht erst in die Kirche kommen, weil sie sich und ihre Sehnsüchte dort nicht ernst genommen fühlen. Weil sie in dem, was in der Regel eine Person vorexerziert, nicht vorkommen und auch nicht vorkommen wollen. Natürlich kann es nicht Sinn einer Veränderung sein, langjährige Gottesdienstbesucher zu vergraulen, aber jeder, der sich gegen Erneuerungen ausspricht, muss sich fragen lassen, ob denn seine religiösen Bedürfnisse tatsächlich an bestimmten Formen hängen – und ob er nicht möglicherweise eine Form nur um ihrer selbst willen bewahren möchte, was fatal wäre. Jesus erzählt bewusst das Gleichnis vom verlorenen Schaf, um deutlich zu machen, dass ein Hirte (Pastor) vor allem das eine verlorene Schaf im Auge haben sollte, nicht die neunundneunzig Wohlbehüteten. Wir lassen heutzutage unsere Gemeinde lieber von den fünf Schafen im Stall bestimmen und vergessen die fünfundneunzig »Verlorenen«. Darum lehrt auch die Erfahrung, dass in Gottesdiensten normalerweise nicht das Einführen neuer Elemente Probleme bereitet, sondern das Loslassen der alten. Vergessen darf man dabei nicht: Auch Jesus selbst wurde vor allem deshalb angegriffen, weil er die religiösen Traditionen seiner Zeit daraufhin überprüfte, ob sie in der Gegenwart noch so tragfähig und »für den Menschen« da seien, wie bei ihrer Einführung, oder ob sie erstarrt und lebensfremd geworden seien.

Welche Fragen man stellen sollte!

Jedes Element des Gottesdienstes, sei es traditionell oder modern, sollte regelmäßig »überprüft« werden. Denn nur dann kann es auch in einer sich wandelnden Gesellschaft seine Funktion dauerhaft bewahren. Natürlich kann ich auch sagen »Die Menschen sind tausende von Jahren zu Fuß gelaufen, also weigere ich mich Fahrrad zu fahren«, aber das wäre nicht nur ignorant, es wäre vor allem eine Behinderung der guten Idee, vorwärts zu kommen. Viele der wundervollen religiösen Rituale waren zu ihrer Zeit das beste Fortbewegungsmittel, heute bremsen sie. Darum sollten wir nicht über Fahrzeuge, sondern über die dahinter liegenden Motivationen reden. Das ist nämlich die eigentliche Bewahrung der Tradition: zu schauen, wie man den Inhalt eines liturgischen Elementes heute bewusst machen kann. Ein anderes Bild sagt: »Tradition heißt nicht, die Asche aufzuheben, sondern das Feuer weiterzugeben.« Allerdings muss das Überlieferte dazu natürlich auch formellen Grundaspekten genügen. In der Regel lohnt es sich, die Gottesdienstbesucher selbst mit in den Prozess einzubeziehen und sie zu befragen, welche Erfahrungen sie denn im Gottesdienst tatsächlich machen und welche Elemente letztlich unverständlich bleiben. Gehen Sie einmal in Ruhe mit Ihren Freunden, Mitarbeitern, Kirchenvorsteher, Pfarrgemeinderäten oder Kreisbesuchern den Gottesdienst durch und prüfen Sie die Liturgie auf ihre Aussage. Dabei helfen folgende Ansätze:

1. Sinn

Ein Teil des Gottesdienstes, bei dem nicht alle Beteiligten wissen oder zumindest ahnen, was dort eigentlich gefeiert und getan wird, entwickelt sich zu einer leeren Hülse, einem Schneckenhaus, aus dem die Schnecke längst ausgezogen ist. Liturgiker betonen zwar immer wieder den stabilisierenden Charakter eines festen Gottesdienstgerüstes, doch sollte man gerade dabei vorsichtig sein. Auch beim Sichfallenlassen in eine vorgegebene Form braucht der Besucher ein Bewusstsein für den Inhalt dessen, was er da betet und singt, denn sonst wäre die Zuordnung der Inhalte beliebig austauschbar und er könnte statt »Gott« auch »Hare Krishna« oder einen anderen Namen rufen. Sich in einem liturgischen Gewand geborgen zu fühlen, ist schön, letztlich aber wertfrei. Form ohne Sinn, liturgischer Gesang ohne Verständnis für das Gesungene, kann niemals Ziel eines Gottesdienstes sein, der einen lebendigen Gott feiern will.

Nur jemand, der weiß, dass er mit dem Votum (»Im Namen des Vaters, des Sohnes und des heiligen Geistes«) zu Beginn des Gottesdienstes gesegnet wird, kann diesen Segen auch wahrnehmen. Und wer die Salutatio (»Der Herr sei mit euch« – »Und mit deinem Geist«) nicht als Gruß und Segen erkennt, wird den Liturgen auch nicht wirklich grüßen und für sein Amt segnen, so oft er die Worte auch aussprechen mag. Doch was würde allein das ändern: dass die ganze Gemeinde bewusst wahrnimmt, dass sie in jedem Gottesdienst aktiv eingeladen ist, die Personen am Altar und auf der Kanzel zu segnen. Und manche Predigt würde anders klingen, wenn der Pfarrer neu erkennen könnte, dass er für seinen Dienst gerade von allen gesegnet wurde.

Jedes Element des Gottesdienstes hatte ursprünglich einen klaren und eindeutigen Sinn. Heute dagegen lohnt es sich, jeweils neu die Frage nach dem »Warum?« zu stellen. Warum ist dies oder jenes liturgische Stück Bestandteil des Gottesdienstes? Warum feiern wir das so und nicht anders? Warum kommt diese oder jene meiner religiösen Sehnsüchte im Gottesdienst nicht vor? Ein Gottesdienst, dessen Liturgie sich dem »Warum« entzieht, wird un-glaub-würdig.

Möglichkeiten, in einer Gemeinde ein neues Verständnis für die Liturgie zu schaffen, gibt es viele. Sei es durch Predigtserien, Hauskreise, thematische Abende oder erklärende Worte während des Gottesdienstes. Alle diese Konkretionen werden aber bei ihrer Suche nach den Hintergründen der bekannten Gottesdienstformen zu den Sehnsüchten kommen, die Auslöser der jeweiligen Elemente waren.

Bisweilen lohnt es sich, einmal dem fiktiven Gedanken nachzugehen, es gäbe überhaupt keine Gottesdiensttradition. Als neu bekehrte Menschen hätten wir den Auftrag und die Lust, Formen zu suchen, in denen wir unsere lebensverändernden und faszinierenden

Erfahrungen zum Ausdruck bringen und umsetzen können. Es kann in einer Gemeinde viel verändern, wenn man engagierten Mitgliedern einmal diese Aufgabe stellt: Wenn es keine Vorgaben gäbe, wie würdest du deinen Glauben feiern? Erstaunlicherweise werden wir sehen, dass ganz viele unserer Gottesdienstelemente auch heute noch genannt würden. Aber sie wären mit Sicherheit anders belegt. Zum Beispiel erscheint auf solchen »Traumzetteln« der Aspekt der Lehre fast immer. Menschen wollen gern in ihrem Glauben wachsen und dabei auch unterstützt werden. Eine Predigt wird also auch in einem »heute erfundenen« Gottesdienst selten fehlen. Aber sehr häufig wird dieser Begriff neu und anders gefüllt. Predigt soll dann vor allem »Hilfe für den Alltag« sein, »sich auch den Themen von heute stellen (Gentechnik, Cocooning, Einsamkeit, Fernsehkonsum usw.)«, »in ein Gespräch münden« oder »den Erfahrungsaustausch fördern«. Träumen Sie einfach einmal, was solche Anregungen für unser Predigtverständnis bedeuten können!

2. Kommunikation

Weil der Gottesdienst eine gemeinsame Feier der Gemeinde ist, lebt er letztlich von der Kommunikation. Und ein Gottesdienst ohne einander zugewandte Kommunikation ist eigentlich keiner. Ein Miteinander, in dem die Menschen sich nicht am Anfang herzlich begrüßen, in dem jeder möglichst weit weg vom anderen sitzt, das keine Herzlichkeit und Verbundenheit ausstrahlt und in dem der Einzelne mit seinen persönlichen, Fragen, Ängsten und Nöten nicht vorkommt, wäre Jesus sicher ein Gräuel gewesen. Kommunikation heißt daher in einem Gottesdienst vor allem, der und dem einzelnen Raum zu geben.

Dabei sollte Kommunikation auf drei Ebenen stattfinden können: 1. Zwischen Gott und Mensch, 2. Zwischen Mensch und Mensch und 3. Zwischen dem Menschen und sich selbst. Wir sollten uns immer wieder fragen: Sind unsere Gottesdienste wirklich kommunikative Ereignisse, in denen jeder Einzelne sowohl anderen als auch Gott und sich selbst begegnet? Auch hier gilt nämlich, dass diese Strukturen in fast allen klassischen Elementen angelegt sind, sie

20

müssen nur bewusst wahrgenommen und umgesetzt werden. Es gibt gelebte Liturgien, in denen die Gemeinde ihre Gemeinschaft vor und mit Gott auf wundervolle Weise zum Ausdruck bringen kann, es gibt aber eben auch Liturgien, in denen kein Raum ist für Begegnungen und persönliches Gebet und in denen Inhalt und Form – etwa bei einer Begrüßung oder einem Lobgesang – so weit auseinander klaffen, dass sie wahrhaft nicht mehr zum Feiern anregen.

Bisweilen wird extrovertierten Pfarrern vorgeworfen, sie seien eher Showmaster als Liturgen. Das ist sicher da richtig, wo sie sich als Personen präsentieren und nicht die gottesdienstliche Feier leiten. Die klassische Bezeichnung »Moderator« meint aber nichts anderes als einen »Liturgen«, einen, der ein öffentliches Werk tut (leitos ergon) und die Versammlung auf einen moderaten (moderor = ich mäßige, lenke, leite, richte ein) Weg führt. In beiden Begriffen steht die Kommunikation im Mittelpunkt. Der Begriff der »Show« ist daher bei den meisten klassischen Gottesdiensten eigentlich viel eher angebracht. Denn dort, wo ein Liturge nicht kommuniziert, sondern eine Ein-Mann-Feier darbietet und die Gemeinde immer in einer konfrontativen Rolle bleibt, ist der Begriff des Showmasters passender als bei einem kommunikativen und auch als persönlich betroffener Mensch auftauchenden Pfarrer. »Show« bedeutet, dass mir nur etwas dargeboten wird (und das ist leider bei den meisten Gottesdiensten so), »Liturgie« bedeutet, dass ich wirklich mitfeiere. Egal, ob klassisch oder modern, wir müssen lernen, unsere Gottesdienste nicht zur Show werden zu lassen.

Darum ist es so notwendig, die einzelnen Elemente auf ihre kommunikativen Eigenschaften hin zu befragen. Ist unser Abendmahl wirklich ein gemeinsames Fest? Wo kommt die Gemeinschaft der Gläubigen zum Ausdruck? Ist unser Gloria ein echter Lobgesang für Gott und damit auch ein Gebet, oder singen wir halbherzig und ohne den Text wahrzunehmen? Kommen die Gottesdienstbesucher im Gebet vor (mit ihren Anliegen oder sogar als Beter), gibt es Raum für Gespräche vor und nach dem Gottesdienst? Existiert in der Gemeinde überhaupt ein Bewusstsein dafür, dass die sonntägliche Feier diesen Begegnungscharakter hat?

In der Regel lässt sich auch in diesem Bereich das Erleben einer Gemeinde sehr gut mit Umfragen erfassen. Nicht nur, um die Wertung und die Einschätzung der Gottesdienstbesucher bezüglich der liturgischen Elemente besser kennen zu lernen, sondern auch, um Menschen zu ermutigen, nach ihren kommunikativen Sehnsüchten zu suchen. In einer Gemeinde ergab eine solche Umfrage, dass der Hauptwunsch darin bestand, nach der Predigt einfach fünf Minuten Ruhe zu haben, um über das Gesagte nachdenken oder es im Gebet selbst noch einmal vor Gott bringen zu können. Dort hat sich durch das Einfügen einiger stiller Minuten das gesamte Empfinden der Menschen im Gottesdienst geändert. Sie haben auf einmal ihre Zeit, in der es auf ihre Gedanken, Gefühle und Fragen und ihre Kommunikation ankommt. (Das könnte in einer anderen Gemeinde natürlich genau das Gegenteil bewirken.)

Genauso entscheidend ist für das kommunikative Geschehen aber die Einbindung von Ehrenamtlichen in den Gottesdienst. Begrüßung, Psalm, Lesung, Fürbitten, Mitteilungen und Austeilen des Abendmahls bzw. der Kommunion sind nur einige der Elemente, die der Pfarrer jederzeit abgeben kann. Und es macht etwas aus, ob »dort vorne« einer oder fünf Leute die Atmosphäre der Feier mitprägen. Nicht »der Pfarrer feiert mit uns«, sondern »wir feiern«!

3. Lebensgefühl

Immer wieder gibt es liturgische Formen, bei denen man nach langem Nachdenken sehr wohl erkennt, auf welche Weise sie bestimmten spirituellen Sehnsüchten Raum geben und sie gestalten. Das heißt aber noch nicht, dass sie auch dem Lebensgefühl des modernen Menschen entsprechen. Am deutlichsten wird das sicher bei der *Wahrnehmung:* Längst hat sich die Gesellschaft von einer hörenden in eine sehende gewandelt. Soziologen und Biologen haben vielfach nachgewiesen, dass heute für die meisten Menschen ein visueller Reiz um einiges stärker, klarer und nachvollziehbarer ist als gesprochene Worte. Das bedeutet nicht, dass die evangelische Kirche ihre Konzentration auf das Wort aufgeben müsste, sie kann aber den Zuhörer helfen, das Wort wieder bewusster *wahrzunehmen*, in dem sie sich nicht vor den Veränderungen der Menschen verschließt. Die katholische Kirche hat überall da im Bereich des Gottesdienstbesuches noch mehr Zulauf, wo sie die verschiedenen Sinne ihrer Mitglieder ernst nimmt und anspricht. Und um das noch einmal zu verdeutlichen: Es gibt nur wenige so herrliche Sätze wie »Sehet und schmecket, wie freundlich der Herr ist!« Das ist Evangelium pur. Nur: Eine Oblate schmeckt nicht besonders interessant (schon gar nicht »freundlich«), in der Regel sehen wir im Gottesdienst nichts, was uns an die Fragen und Hoffnungen unseres Alltags erinnert, und wenn wir Gott in einer Kirche vor Augen haben, dann selten in seiner behütenden Form.

Feiern heißt, mit allen Sinnen dabei sein. Darum brauchen wir Gottesdienste, in denen wir hören, sehen, riechen, schmecken, fühlen und erleben können, wie freundlich der Herr ist. Stellen Sie einmal bewusst einen duftenden Blumenstrauß in die Kirche, und Sie werden sehen, wie sich der gesamte Gottesdienst verändert. Zeigen Sie Bilder, predigen Sie mit Hilfe von Requisiten oder verlassen Sie einmal die Kanzel. Dort, wo der Pfarrer nicht als Sprechmaschine, sondern als Mensch die Liebe Gottes anschaulich verkündigt, kommt diese Liebe auch an.

Die Frage nach dem Lebensgefühl hat aber noch weitergehende Konsequenzen. Sie betrifft *Musik, Raum und Vortrag* genauso wie die liturgische Sprache. Als Luther nach einer neuen Musik für den Gottesdienst suchte, »lieh« er sich die Melodien von den damaligen »Gassenhauern« – den Liedern, die gerade überall erklangen –, weil er sich bewusst war, dass die Musik, die die Menschen fröhlich im Alltag pfeifen und singen, wohl am ehesten ihrem Lebensgefühl entspricht. Und so fern es uns heute liegen mag, auf die Melodie von »99 Luftballons«, »Herr, du bist ein großer Gott!« zu singen, sollte man doch bedenken: Genau das hat Luther getan. Für Luther wäre daher sicher auch ein Sakral-HipHop nichts Verwerfliches gewesen. Weil die damals vorherrschende gregorianische Musik zu einer für die Menschen unnatürlichen Gattung geworden war, die nicht mehr als Hörgenuss empfunden wurde, suchte er nach lebensnäheren Stilrichtungen. Es ist natürlich schön, wenn Erhabenheit sich auch in einer nicht nur alltäglichen Form präsentiert, doch da, wo sie der jeweiligen ästhetischen Wahrnehmung der Menschen entgegensteht, wird sie zur Perversion. Würde ist keine Frage der Form, sondern der Einstellung.

Eine Grundfrage an alle Gottesdienstelemente ist daher die nach ihrer *Beziehung* zu den Menschen. Verstehen die Gottesdienstbesucher die Liturgie, weil sie Freude, Angst und Gemeinschaft privat auch so ausdrücken, wie es in der Feier am Sonntagmorgen getan wird oder haben sie in ihrem Alltag ganz andere Ausdrucksformen? So, wie es wertlos ist, einem Fünfjährigen klarmachen zu wollen, dass ein dreistündiges Oboen-Konzert ein Genuss sein kann, wird auch ein Kirchendistanzierter nicht erst neue »Methoden« der Fröhlichkeit lernen wollen. Er weiß sehr wohl, was Glücklichsein bedeutet, und er sehnt sich vielleicht danach, gerade bei Gott eine intensivere und anhaltendere Form zu finden, nicht aber nach dem Erlernen und Einhalten einer für ihn fremdartigen Kultur. Die Frage »Ist eine Salutatio auch heute noch eine angemessene Art des gegenseitigen Segnens?« ist also durchaus angemessen. Vor allem aber ist es wichtig, auch einmal darüber nachzudenken, welche ganz neuen Formen heute möglicherweise zu einem gottesdienstlichen Element werden können, in dem Menschen ihren Glauben zeitgemäß feiern.

Zum Lebensgefühl gehört übrigens auch die Frage nach der *Uhrzeit*. Doch auch bei dieser oft umstrittenen Frage gilt: Die ersten Christen haben sich vor Morgengrauen oder am Abend getroffen, darum ist der klassische Gottesdiensttermin am Sonntagvormittag weder besonders heilig noch liturgisch wertvoller als andere Tageszeiten. Wer sich ernsthaft und aus Prinzip weigert, zu einem anderen Termin als dem traditionellen in den Gottesdienst zu kommen oder einzuladen, muss sich genauso ernsthaft fragen lassen, woran er eigentlich glaubt: an die Uhr oder an einen lebendigen Gott, dessen Geist weht, wo und wann er will.

4. Relevanz

Eng verwandt mit der Frage nach dem Lebensgefühl ist die Frage nach der Relevanz. Bei allen Umfragen, die sich mit den Gründen für nachlassenden Gottesdienstbesuch befassen, steht ein Argument immer ganz oben: »Das, was im Gottesdienst passiert, ist für mein Leben irrelevant!« Einen schmerzhafteren Vorwurf an die Kirche kann es kaum geben. Dort, wo Jesus auftrat, spürten die Menschen in der Regel sofort, dass sie in dieser Person mit den existenziellen Fragen ihres Lebens konfrontiert wurden, dass all die kleinen Alltagsdinge verblassen, wenn man die unglaubliche Botschaft von der Liebe Gottes hört. Wer von Jesus berührt wurde, der verstand, dass hier sein ganzes Leben auf dem Spiel stand. Einer, der diesen Worten des Sohnes Gottes begegnete, wurde sein Anhänger oder sein Feind. Aber es gab niemanden, der einfach gesagt hätte: »Ach, das ist für mein Leben irrelevant!« Und das, was für die Inhalte gilt, gilt selbstverständlich auch für die Formen.

Eine Psalmlesung verpufft, wenn sie nicht gleichzeitig vermittelt, warum es den Menschen gut tut, sich die alten Klage- und Jubelworte immer wieder neu zu vergegenwärtigen, sich in die Geschichte des Gottesvolkes eingebunden zu wissen und betend und singend daraus Kraft zu schöpfen. Wenn ich weiß, dass das »Kyrie« (Herr, erbarme dich) nicht nur ein Schuldbekenntnis, sondern vor allem ein Vor-Gott-Treten des Einzelnen ist, in dem sich jeder Gottesdienstbesucher auf die Begegnung mit Gott vorbereitet, kann ich es auch so beten, dass ich die Relevanz erkenne. *Relevant* werden kann nur etwas, was ich erfahre. Darum ist es so wichtig, immer wieder die einzelnen Elemente der Liturgie zu erläutern.

Das Erstaunliche ist: Wer jedes Gottesdienstelement auf seine Relevanz hin untersucht, kommt auch dabei sehr schnell zur Erkenntnis, dass er eigentlich nach den Sehnsüchten fragt, die eigentlich dahinter stecken. Daher lohnt es sich bisweilen – um zu den Ursprüngen zu kommen –, wirklich alles noch einmal in Frage zu stellen! Fragen Sie sich einmal ernsthaft, ob Gebete wirklich in den Gottesdienst gehören, und sie werden, vielleicht zum ersten Mal, anfangen, über ihre Bedeutung, ihre Funktion und ihre Wirkung nachzudenken. Nicht um das jeweilige Element dann zu verneinen, sondern um es wirklich ganz und gar zu verstehen und leben zu können. Dieses Vorgehen erweitert nicht nur den Horizont und vertieft die Beziehung zu den einzelnen Elementen, es macht mich vor allem sprachfähig, wenn es darum geht, neugierigen und fragenden Menschen zu erklären, was in unseren Gemeinden gefeiert wird. Fangen Sie einfach noch mal ganz von vorne an: Warum brauche ich eigentlich ein Vaterunser, ein Glaubensbekenntnis oder ein Abendmahl? Wo wird eine Predigt im Leben der Zuhörer so relevant, dass sie die Kirche reicher verlassen, als sie sie betreten haben? Welche gestalterische Möglichkeit für den Glauben fehlt noch in unserem Gottesdienst? Die Beantwortung dieser Fragen führt zum Kern des Evangeliums. Probieren Sie es aus!

5. Authentizität

Bei einem Theologenkongress bekannte ein Pfarrer: »Ich würde in meinen Gottesdienst auch nicht gehen!« Das sagt viel mehr als jede Formendiskussion: Erst wenn eine Gemeinde ihre Gottesdienste wieder authentisch unter der Leitung von authentischen Liturgen feiert, die das auch wollen, was sie tun, wird eine Erneuerung der Kirche stattfinden. Sowohl moderne als auch alte Gestaltungsmöglichkeiten bleiben kalt und neutral, wenn sie nicht mit Leben gefüllt werden. Das bisweilen vertretene Verständnis, dass es nur darauf ankommt, dass überhaupt ein Gottesdienst stattfindet, gleichgültig ob dort jemand mitfeiert oder nicht, deckt sich zumindest nicht mit dem engagierten Eintreten Jesu für einen Kultus, dessen Aufgabe vor allem darin besteht, dem Einzelnen eine Begegnung mit Gott zu ermöglichen.

Wer sich gar durch irgendetwas gezwungen fühlt – sei es durch die Gewohnheit, die Angst vor der Hölle, das schlechte Gewissen oder den sozialen Druck – in einen Gottesdienst zu gehen, tut weder sich noch Gott einen Gefallen. Es ist keine Schande, zu Hause zu bleiben, wenn ich nicht zum Feiern aufgelegt bin. Aber es ist eine Schande, wenn unsere Gottesdienste nicht so schön und ergreifend sind, dass ich mich als Christ danach sehne hinzugehen und mich ärgere, wenn ich eine dieser relevanten Veranstaltungen verpasse. Weder ein Pfarrer, der den Clown macht, noch ein Kirchenchor, der auf einmal Gospels singt, wird auf Dauer Gottesdienstbesucher erfreuen und Distanzierte anziehen, wenn dahinter nicht eine ehrliche Sehnsucht nach diesen Formen und nach der Begegnung mit Gott steht. Denn auch das ist eine Frage des modernen Lebensgefühls: Menschen des zwanzigsten Jahrhunderts sind kritischer gegenüber Autoritäten, sie wollen nicht Ideologien, sondern echte Überzeugungen erkennen.

Eine Gemeinde lud einmal einen begnadeten Redner zu einer Vortragsreihe ein, der so souverän und persönlich zu den Besuchern sprach, dass am Ende der Woche über fünfzig Personen auf den Auswertungsbögen vermerkten: »Ich habe ganz neu über den Glauben nachgedacht und möchte gerne mehr über die Gemeinde wissen.« Als diese Menschen dann in den ersten »traditionellen« Gottesdienst kamen, verstanden sie die Welt nicht mehr. All das Persönliche, Ansprechende und Lebensrelevante des Redners fanden sie in der ihnen unbekannten Liturgie nicht wieder. Enttäuscht blieben sie trotz des geistlichen Anfangs dem Gottesdienst fern. Eine Erfahrung, die viele motivierte Mitarbeiter nach Veranstaltungen machen. Darum bringt es Gemeinden so wenig, spektakuläre Sonderaktionen zu starten, die keinen Rückhalt haben. Der von einer bezahlten Hilfskraft im Jugendraum der Kirche angebotene »Internet-Kreis« mag zwar eine diakonische Funktion haben, ob er Menschen die Ziele und Inhalte der Gemeinde nahe bringt, bleibt aber fraglich. Eine gesunde Gemeindeentwicklung gibt es nur dann, wenn die veränderten Formen auch von einem *veränderten Bewusstsein* getragen werden.

Es ist für jeden Kirchenvorstand, für jedes Pfarrgemeinderatsmitglied, eigentlich für jedes Gemeindemitglied eine Herausforderung, sich immer wieder selbst zu fragen: Lobe ich wirklich, wenn die Liturgie lobt? Bete ich, wenn gebetet wird? Lasse ich mich von der Predigt ansprechen? Bekenne ich tatsächlich meinen Glauben, wenn das Glaubensbekenntnis gesprochen wird? Stärkt mich der Segen so, dass ich ihn auch in den Alltag mitnehme?

Ließe man verschiedene Gemeinden die Grundideen ihrer Arbeit, sozusagen ihre Visionen und Leitbilder, aufschreiben, dann sähen diese wahrscheinlich in den meisten Fällen recht ähnlich aus. Alle enthielten wohl Elemente wie die folgenden: Wir wollen »Gott kennen lernen«, »Miteinander leben«, »Füreinander da sein«, »Im Glauben wachsen« und »Gott aus ganzem Herzen lieben«. Schließlich sind das nichts anderes als Umschreibungen für die klassischen Arbeitsfelder Evangelisation, Gemeinschaft, Diakonie, Lehre und Anbetung – und es gäbe wohl kaum einen Kirchenvorstand, der diese Ziele nicht unterschreiben würde – im Prinzip jedenfalls. An der Authentizität aber, und damit an der hingebungsvollen Sehnsucht, diese Dinge auch umzusetzen, schieden sich die Geister. Glaube ich überhaupt noch daran, dass in unseren Gottesdiensten eine gelebte Gemeinschaft entsteht, in der einer für den anderen da ist? Wie ernst ist es mir mit diesen Aufgaben einer Gemeinde? Wie soll sich denn die Gemeinschaft in den nächsten Jahren entwickeln? Teilt die übrige Gemeinde diese Anliegen? Und wie lassen sie sich realisieren? Letztlich kann nur eine authentische Gemeinde, die weiß, was sie will, auch die Formen des Gottesdienstes auf eine lebendige und stimmige Art gestalten. Wenn Sie Ihren Gottesdienst verändern und wieder zu einer gemeinschaftlichen Feier werden lassen wollen, sollten Sie deshalb auch immer klären, ob die Gemeinde die durch neue Formen repräsentierten Werte auch wirklich als Ganzes widerspiegelt.

Was Sie in diesem Buch lesen werden

Die Sehnsüchte, die in der Urgemeinde mit dem Gottesdienst verbunden waren, zeigen noch am Ende des zwanzigsten Jahrhunderts, was Menschen bewegt und welche Hoffnungen sie haben. Und sie sind eine eigene Quelle von Gotteserfahrungen. Denn das, was hinter dem heute zu beobachtenden, vielfach ritualisierten Ablauf gewollt und gesucht wurde, führt zurück zu den eigentlichen Quellen des

Glaubens. Und nur dort, wo der Glaube selber Ziel und Motivation des Gottesdienstes ist, kann er sich entfalten.

Damit Sie im Buch die Abschnitte zu den Sehnsüchten und der Bedeutung einzelner Gottesdienstelemente einordnen können, folgt im Anschluss erst einmal eine kurze Einleitung in die grundlegenden geistlichen Prozesse der Liturgiegeschichte, die die wichtigsten Eckpunkte und einige bedeutende Stationen auf dem Weg zu unserer heutigen Liturgie verdeutlichen.

Anhand von zwölf Ursehnsüchten des Menschen wollen wir uns dann dem Gesamtereignis »Gottesdienst« mit seinen unterschiedlichen Elementen nähern. Ausgangspunkt sind dabei jeweils eine Sehnsucht und die Art und Weise, wie sie uns im Alltag begegnet. Wie gingen und gehen Menschen mit verschiedenen Wünschen, Erwartungen und Träumen um, wie gestalten sie sie, und wie leben sie damit? Warum haben wir alle bestimmte Sehnsüchte? Und wie und wo bekommen wir darauf eine Antwort? Daraufhin wird jeweils gefragt, welche Elemente des Gottesdienstes diese Sehnsucht aufnehmen und geistlich deuten. Vergleicht man jeweils die modern-säkularen Ausdrucksformen und die gottesdienstliche Realisation, versteht man schnell, warum manche liturgischen Elemente für viele nicht mehr nachvollziehbar sind, während andere gerade in der modernen Welt wieder an Bedeutung gewinnen können; weil sie wichtige Ausdrucksmöglichkeiten beinhalten, für die es keinen Ersatz gibt. Nach diesen inhaltlichen Betrachtungen laden wir Sie jeweils ein, über neue Realisierungsmöglichkeiten dieser Sehnsüchte nachzudenken.

Die hier behandelten Sehnsüchte kennt jeder Mensch. Sie sind unabhängig von Sprache, Sozialisation, Geschlecht oder Rasse. Sie sind Teil von Gottes Schöpfung und umfassender als jede Konfession, Kirche oder Gemeinde. Paulus selbst setzt sich im Römerbrief sehr intensiv mit der Sehnsucht auseinander (8, 22-24. 28):

»Denn wir wissen, dass sich alle Kreatur mit uns sehnt und sich immer noch ängstigt! Aber nicht nur sie, sondern auch wir selbst, die wir den heiligen Geist empfangen haben, sehnen uns

nach der Kindschaft und warten auf die Erlösung unseres Lei-
bes. Denn wir sind zwar gerettet, aber auf Hoffnung. Doch die
Hoffnung, die man sieht, ist gar keine Hoffnung; denn wie kann
man auf etwas hoffen, das man sieht? Wir wissen aber, dass
denen, die Gott dienen, alle Dinge zum Besten dienen.«

Der Apostel macht vor allem eines deutlich: Sehnsucht ist ein Grundelement des Lebens! Alle Kreatur, alles, was Gott geschaffen hat, sehnt sich, sogar diejenigen, die, wie Paulus extra erwähnt, bereits Christen sind. Die Sehnsucht gehört zum Leben dazu, ohne Sehnsucht gäbe es keine Entwicklung, keine Träume, kein Wachsen, keine Ziele. Sehnsucht ist eines der bestimmendsten Elemente des Daseins. Darum ist es auch so seltsam, dass wir in unserer Gesellschaft nur ganz wenige Konzepte zum richtigen Umgang damit haben. Wir sehnen uns, wie Paulus sagt, nach »der Kindschaft und der Erlösung unseres Leibes«, also danach, unser Verhältnis zu Gott, unserem Vater, zu klären und uns von den Sorgen und Fragen dieser Welt zu befreien. Dabei geht es nicht um Leibfeindlichkeit, sondern um die existenzielle und natürliche Grunderfahrung unserer eigenen Unvollkommenheit. Im Menschen gibt es ein Bewusstsein dafür, dass sein Leben letztlich nicht von ihm selbst bewältigt werden kann und dass es ein Mehr an Leben gibt. Paulus ist überzeugt davon, dass Sehnsucht nichts anderes ist als der vielfältige Wunsch, bei Gott von unserer Haltlosigkeit erlöst zu werden. Aber sie hat immer auch mit Angst zu tun, und darum ist es so wichtig, dass unsere Gottesdienste Orte sind, in denen Sehnsüchte erfüllt werden und Menschen die Botschaft »Fürchte dich nicht!« am eigenen Leib erfahren.

Wer zuerst nach Motivationen und Gründen für bestimmte gestalterische Elemente fragt, fragt sich auch bald, wodurch sich denn nun eigentlich der »richtige« Gottesdienst auszeichnet oder wie man ihn definieren kann. Dazu finden Sie ein weiteres Kapitel. Am Ende aber stellen wir Ihnen nach einigen Ideen, wie Sie dieses Buch konkret benutzen können, noch zwei Konzepte vor, die beschreiben, wie man den Gottesdienst wieder zu dem Fest werden lassen kann.

30

Geschichte

Eine der frühesten nichtchristlichen Quellen über den Gottesdienst ist der Brief des Legaten Plinius, den dieser etwa um 110 an den Kaiser Trajan schreibt. Darin heißt es über einige Christen, die der Legat verhört hat: »Sie beteuerten, dass sie gewöhnlich an einem festgesetzten Tag vor Sonnenaufgang sich versammelt, Christus als ihrem Gott im Wechsel Lob gesungen und sich mit einem Eid verpflichtet hätten – nicht etwa zu irgendeinem Verbrechen, sondern gerade zur Unterlassung von Diebstahl, Raub, Ehebruch, Treulosigkeit und Unterschlagung von anvertrautem Gut. Danach sei es bei ihnen Brauch gewesen, auseinander zu gehen und später wieder zusammenzukommen, um ein Mahl einzunehmen.« Und die Didache, die im letzten Jahrzehnt des ersten Jahrhunderts entstandene »Apostellehre«, sagt über die damaligen Gottesdienstbräuche: »Am Herrentag (Sonntag) sollt ihr zusammenkommen, Brot brechen und Dank sagen, nachdem ihr eure Übertretungen bekannt habt, auf dass euer Opfer rein sei. Wer aber mit seinem Nächsten Streit hat, soll so lange nicht mit euch zusammenkommen, bis sie sich versöhnt haben.«

Es ist nicht besonders viel, was die Historiker über den frühen Gottesdienst wissen. Einige Aspekte aber sind sehr deutlich:

1. Über allem steht die *liebevolle Gemeinschaft* der Gläubigen vor Gott, die durch nichts gestört werden darf. Das Miteinander soll friedfertig und ohne unausgesprochene Vorbehalte sein. Das heißt: Der Gottesdienst ist ein Ort, an dem einige natürliche, aber unschöne Verhaltensweisen des Alltags durch die gemeinsame Feier und durch Gottes Anwesenheit ausgeschlossen werden. Hier geht es um göttliche Dinge, nicht um menschliche. Diese Atmosphäre ist es, die dem Geschehen Würde und Heiligkeit verleiht, nicht eine bestimmte Form oder irgendwelche vorgegebenen liturgischen Elemente.

2. Daneben spielt die *persönliche Kommunikation mit Gott* eine große Rolle. Die Christinnen und Christen bringen individuell ihre persönlichen Fehlleistungen, aber auch die positiven Erfahrungen der vergangenen Tage vor. Jede und jeder kommt im Gottesdienst vor und auch zu Wort! (2. Korinther 12,8) Lob und Dank gehören dabei genauso selbstverständlich dazu, wie das gemeinsame Essen. Es ist ein Treffen, das den Alltag nicht ausklammert, sondern jede und jeden Einzelnen in seinen Anliegen und Bedürfnissen ernst nimmt.

Man könnte den Gottesdienst dieser Zeit als ein Treffen von Gleichgesinnten, ja, durch ihren Glauben zu Freunden gewordenen Christus-Nachfolgern bezeichnen, die zu Gott Beziehung aufnehmen und einige der von Jesus gelernten Formen praktizieren.

Die Wertschätzung der Erfahrung prägte auch die gottesdienstlichen Elemente, die in Apostelgeschichte 2,42 genannt werden. Sie erinnern in vielen schon an heutige Formen. So gab es selbstverständlich von Anfang an den Bereich der Lehre, zu dem damals die Lesungen und eine Predigt gehörten. Die Predigt aber wurde frei gehalten und erzählte von den Heilstaten Jesu und den persönlichen Glaubenserfahrungen der Prediger. Die Verkündigung begann immer in der realen Welt der Zuhörer, belegte an den Stellen, an denen sie allgemeine Aussagen fällte, das Gesagte mit Zitaten aus dem Alten Testament und kam zum Schluss bei der Bedeutung dieser Erkenntnisse für den Einzelnen an. Der Zuhörer als Person konnte sich dabei mit den

Erzählungen des Redners auseinander setzen und er wurde aufgefordert, gegenüber dem Gesagten nicht neutral zu bleiben. Der heutige Weg der Predigt, vom Bibeltext in den Alltag, ist deutlich anders strukturiert. Um es sehr polarisierend auszudrücken: Ursprünglich kamen erst die Fragen und Erfahrungen der Menschen, dann die Erkenntnis, dass die heiligen Schriften zu allem, was lebensrelevant ist, etwas zu sagen hatten. Heute nimmt man einen Text und bemüht sich, das Stück Leben zu finden, das die (möglicherweise von der Gemeinde gar nicht mehr gestellte) Frage beinhaltet, auf die der Text antwortet.

Die Gemeinschaft dagegen war etwas, wodurch die Urgemeinde schon ihren heidnischen Nachbarn auffiel. Offenbar versammelten sich die Christinnen und Christen häufig und zeigten ein starkes Bewusstsein für ihre innigen Formen des Miteinander. Darum gab es das Abendmahl zunächst auch immer in Verbindung mit einem richtigen Essen. Davor und danach pflegte die Gemeinde zu beten, und zwar in der Regel als Gemeinschaft. Zu den Gebeten gehörte auch das Bekenntnis, in dem sich alle Versammelten noch einmal verdeutlichten, wer Grund und Ausrichtung ihres gottesdienstlichen Handelns ist. Ganz sicher wurde auch schon in der Urgemeinde gesungen (Kolosser 3,16; Epheser 5,19) und musiziert. Vor allem waren das Psalmen, Hymnen und geistliche Lieder, die, wie wir bei Plinius gelesen haben, teilweise als Wechselgesänge gestaltet waren.

Doch schon bald wurde diese familiäre Atmosphäre durch den zunehmenden »Erfolg« des Christentums aufgebrochen. Allein die Anzahl der Christinnen und Christen im Römischen Reich erforderte es, dass die Gemeindevorsteher an Bedeutung zunahmen und die »Gottesdienste« klarer strukturiert waren. Statt der täglichen Treffen wurden die sonntäglichen Versammlungen immer wichtiger, was auch dazu führte, dass aus dem gemeinsamen Essen das feierliche Ritual des »Abendmahls« wurde. Nachdem das Christentum Staatsreligion geworden war, verbot das Konzil von Laodicea das Feiern von Abendmahlen in Privathäusern, der biblischen Form schlechthin. Ein organisierter Kultus hatte sich entwickelt. Bereits um das Jahr 100 kamen wohl liturgische Elemente auf, die bald in allen Gemeinden zum Grundbestand des Gottesdienstes gehörten. Um 220 nach Christus erwähnt der römische Bischof Hippolyt die Salutatio (»Der Herr sei mit euch«), das Sursum Corda (»Erhebet eure Herzen«), das Dankgebet und einige Elemente der Abendmahlsliturgie, wie Einsetzungsworte, Anamnese (Erinnerung an Gottes Heilstaten) und Epiklese (Herabrufung des Heiligen Geistes). Um 400 zeigt die so genannte Klementische Liturgie, dass zu dieser Zeit bereits eine klare Trennung von Klerus und Laien vollzogen war. Der seinen Gottesdienst feiernde Christ hatte einen professionellen Vorbeter bekommen.

Das für die Liturgiegeschichte wohl bedeutendste Merkmal der damaligen Ordnungen ist die Tatsache, dass die Gemeinde eigentlich zwei Gottesdienste feierte! Nach der so genannten *Missa Catechumenorum*, der Messe für die Glaubensschüler, wurden alle Ungetauften entlassen, während sich die Gläubigen in der *Missa Fidelium*, dem Gottesdienst für Christen, zum Abendmahl trafen. Unsere heutigen Gottesdienste leiden immer noch darunter, dass dieser Brauch schon kurz nach Einführung des Christentums als Staatsreligion zum Erliegen kam, spätestens dann jedoch, als es im Reichsgebiet keine Ungetauften mehr gab. Denn die beiden Teile der alten Messe waren völlig unterschiedlich strukturiert. Während die erste Hälfte klar evangelistisch ausrichtet war, da man ja den »Heiden« die Faszination des Glaubens nahe bringen wollte, konnte man es sich in der zweiten Hälfte leisten, eine Insidersprache zu sprechen und den Schwerpunkt auf das Wachstum im Glauben zu setzen. Als die beiden Teile zusammengelegt wurden, kam es zu einem ungeheuren Dilemma, das unsere Gottesdienste nie überwunden haben: Die Kirche muss heute mit einer einzigen Veranstaltung sowohl völlig Außenstehende als auch langjährige Insider ansprechen. Zumindest stellt sie an sich diesen Anspruch. Und so, wie es merkwürdig ist, erfahrene Christen regelmäßig zu einer existenziellen Lebensentscheidung aufzurufen, so falsch ist es eben auch, Neugierige mit Formen und Worten anzupredigen, die sie noch gar nicht verstehen können. In unseren Predigten werden viel zu oft theologische Termini und so genannte »kanaanäische« Floskeln benutzt, die selbst für erfahrene Christen fast unübersetzbar sind. Wenn unsere Gottesdienste nicht den Blick für Außenstehende ohnehin verloren haben, pflegen sie in der Regel eine Mischform, die weder das Missionarische noch das Glaubenspflegende konsequent umsetzt. Es ist daher kein Wunder, dass all die Gemeinden, die wachsen, nicht nur ein starkes Bewusstsein für die Position der Suchenden haben, sondern bisweilen auch einen speziellen Gottesdienst, der bewusst für Distanzierte konzipiert ist (siehe etwa im Anhang das Modell »GoSpecial«).

Im Lauf der Jahrhunderte wurde der Gottesdienst immer weiter ausgestaltet, wobei vor allem die Ritualisierung zunahm. Die liturgischen Ordnungen wurden so ausgefeilt, dass im Mittelalter die Predigt quasi keine Bedeutung mehr hatte. Nur bei den wenigsten Messen wurden Bibeltexte ausgelegt und wenn, dann nach klaren Interpretationsvorgaben. Darum legte die *Reformation*, die man ja in erster Linie als Gegenbewegung verstehen muss, ein besonderes Gewicht auf das Wort. Luther wollte alle Formen, die nur noch mechanisch heruntergebetet und, da man sie in lateinischer Sprache zelebrierte, vom Volk gar nicht verstanden wurden, abschaffen und den Gottesdienst wieder zu einem Erlebnisraum machen. Dazu gehörte auch sein Verständnis, dass eine Messe eben nicht ein Werk oder gar ein Opfer für Gott ist, sondern dass es der Herr selbst ist, der mit den Menschen feiern will. Der Reformator ging davon aus, dass nur ein verständlicher Gottesdienst ein lebendiger sein könne. Darum übersetzte er die Bibel, die Lieder und die liturgischen Texte ins Deutsche, entfernte fast alle Wechselgesänge und setzte das Mitwirken der Gemeinde bei Liedern, Gebet und Predigtreflexion wieder in den Mittelpunkt. Obwohl er dabei im Bezug auf das Erleben viele Aspekte des urgemeindlichen Gottesdienstes wieder belebte, führte doch die Hervorhebung des Wortes zu einer Bibelkonzentration, die es in der alten

Kirche nicht gegeben hatte. Das einmal Geschriebene war für Luther wichtiger als die persönliche, neue Glaubenserfahrung. Wobei man allerdings nicht vergessen darf, dass diese extreme Haltung vor allem seinen Vorbehalten gegenüber den so genannten Schwärmern, etwa um Thomas Müntzer, zuzuschreiben ist, die sich als neue Propheten sahen und ihre subjektiven Gotteserfahrungen über die Bibel stellten.

Zugespitzt wurde die (evangelische) Kultur des Wortgottesdienstes in der *Aufklärung*, in der man unter anderem davon ausging, dass Glaube verstandesgemäß erkannt werden könne. Also verwandelte man die Kirche in einen Hörsaal, die Predigt in einen Vortrag und den Pfarrer in einen Lehrer. Wieder wurde die persönliche Teilhabe des Einzelnen am Gottesdienst eingeschränkt. Und obwohl es natürlich aus heutiger Sicht ein falscher Schritt war, damals die Liturgie fast gänzlich aus dem Gottesdienst auszumerzen, hatte diese Entwicklung doch starken Einfluss auf den Verlauf der Liturgiegeschichte. Denn die Basis unserer neueren, sehr liturgieorientierten Ordnungen entstand in der Gegenbewegung zur Aufklärung, der Bürgerlichkeit des 19. Jahrhunderts, die angesichts der strukturellen Verarmung des 18. Jahrhunderts bewusst eine liturgische Restauration anstrebte. Sie reicherte den Gottesdienst wieder an und war dabei bisweilen etwas übereifrig um traditionelle Formen bemüht.

Natürlich hat es auch im *20. Jahrhundert* wichtige liturgiegeschichtliche Strömungen gegeben. Da sie sich aber teilweise widersprechen, ist es oft nicht leicht zu sagen, welchen Einfluss sie auf die aktuelle Liturgie hatten. Kennzeichnend sind sicher einige Entwicklungen aus dem Kirchenkampf im Dritten Reich: Die Bekennende Kirche wurde in der Auseinandersetzung mit den nationalsozialistisch geprägten »Deutschen Christen« gezwungen, neu über den Gottesdienst nachzudenken. Vor allem entstand dabei wieder einmal ein Bewusstsein dafür, dass die gesamte Gemeinde Träger des liturgischen Geschehens sein sollte. Das führte zu einer stärkeren Beteiligung der Gottesdienstbesucher an der Liturgie, aber auch in der Leitung des Gottesdienstes (etwa durch das Lektorenamt). Vor allem aber wurde das Glaubensbekenntnis, das bis dahin der Pfarrer allein vorgetragen hatte, von nun an von der versammelten Gemeinde gesprochen.

In der katholischen Kirche setzte das *Zweite Vatikanische Konzil* von 1962 bis 1965 neue Akzente. Die Bedeutung der darin gefällten Aussagen liegt vor allem in der Annahme der Herausforderungen der Zeit und im Eingehen auf ihre Probleme. Beide sollten eine innere Reform der Kirche ermöglichen. Liturgisch herausragend waren dabei in erster Linie die Einführung der Volkssprache im Messgottesdienst, die stärkere Beteiligung der Laien am Gottesdienstgeschehen und in Ausnahmefällen die Gewährung des Laienkelches.

Die erst Anfang der neunziger Jahre erschienene *erneuerte Agende* der Evangelischen Kirche in Deutschland legt dagegen ihr Gewicht vor allem auf die innere Struktur des Gottesdienstes. Er soll stärker danach ausgerichtet werden, dass er von alters her in vier Phasen gegliedert ist: 1. Eröffnung und Anrufung, 2. Verkündigung und Bekenntnis, 3. Abendmahl und 4. Sendung. Würde diese Agende umgesetzt, entstünde sicher auch ein neues Bewusstsein dafür, dass die Übergänge vom Alltag in den Gottesdienst und umgekehrt so gestaltet werden müssen, dass jeder Besucher den einladenden, aber auch für und in der Welt stärkenden Charakter der sonntäglichen Feier empfinden kann. Dass aus Amerika durch Großgemeinden wie WillowCreek ein neues Bewusstsein für Kirchendistanzierte nach Deutschland kam, wird erst im neuen Jahrtausend so richtig spürbar werden.

In diesem stichwortartigen Abriss der Liturgiegeschichte wird ein wenig deutlich, welche Elemente des Gottesdienstes von Anfang an die Feiern der Christen geprägt haben, wie schnell institutionelle Belange Einfluss auf den Gottesdienst nahmen und wie schwer es zu allen

Zeiten war, eine Verselbstständigung und Ritualisierung zu vermeiden. Immer da aber, wo eine Form dem Lebensgefühl der Menschen nicht mehr entsprach, verlor auch der Glaube ungeheuer an Ansehen und wurde zu einem religiösen Mechanismus. Und immer dann, wenn daraufhin Gegenbewegungen versuchten, nicht nur ihre Sehnsüchte zu gestalten, sondern vor allem einer als falsch empfundenen Tradition zu widersprechen, kam es zu erneuten Extremformen. Umso wichtiger ist es heute, alte Formen nicht zu verdammen, sondern nach dem in ihnen enthaltenen Potential zu suchen, um es dann für den Menschen der Jahrtausendwende erfahrbar machen zu können. Das aber ist Absicht dieses Buches, wenn es sich auf die Suche nach den von Anfang an im Gottesdienst erkennbaren Sehnsüchten der Christinnen und Christen macht.

Sehnsüchte

Wer sehnsüchtig ist, der ist »krank vor liebendem Verlangen« (Duden). Er hat in sich ein fast unstillbares Bedürfnis, das nach Erfüllung sucht. Und das nicht Eintreten des Erwünschten kann den ganzen Lebensmut rauben. Natürlich ist nicht jede Sehnsucht so existenziell, aber es gibt einige, die zu einem natürlichen Streben und dem Hoffen auf ein gelingendes Leben einfach dazugehören. Ein Mensch, der diese Sehnsüchte nicht hätte, wäre zu bedauern. Aber keine Sorge: Sie sind ja überall zu beobachten. Umso bedeutender ist es, dass Glauben immer etwas mit der Erfüllung von Sehnsüchten zu tun hat. Fast immer, wenn Jesus Menschen anspricht, werden ihre geheimsten Wünsche wahr und das unausgesprochene Verlangen wird gestillt. Das ist eine der großen biblischen Verheißungen: dass Menschen Heil und Segen erfahren werden, die ihre Sehnsüchte stillen.

Ein gelingender Gottesdienst aber kann etwas von diesem Heil widerspiegeln. Ja, in den liturgischen Elementen finden wir Antworten auf die Sehnsüchte aller Menschen, Antworten, die, wenn sie verstanden werden, ein Stück des Reiches Gottes nahe bringen. Darum kommt man dem Kern des Gottesdienstes über die Frage nach den Sehnsüchten wirklich nah. Zwölf davon stellen wir Ihnen jetzt vor. Dabei verfahren wir in jedem Sehnsuchtskapitel immer nach folgendem Schema:

1. Die Sehnsucht

In kurzen erklärenden Worten sollen die wesentlichen Charakter-merkmale einer urmenschlichen Sehnsucht erklärt und verdeutlicht werden. Warum sehnen wir uns nach bestimmten Erfahrungen? Welche Hoffnungen stecken dahinter? Und wie verhalten wir uns aufgrund dieser Sehnsüchte? Dabei sind Sie eingeladen, sich selbst zu fragen, wann und ob Sie denn diesem jeweiligen »liebenden Verlangen« in ihrem Leben schon begegnet sind.

2. Wo und wie und erleben wir diese Sehnsucht im Alltag?

Eine Sehnsucht prägt auch das Handeln der Menschen. Darum entwickeln wir in allen Lebensbereichen Formen, in denen das, was uns bewegt oder beunruhigt, mehr oder minder bewusst zum Ausdruck kommt. Allerdings sucht sich jede Zeit ihre ganz eigenen Formen. Wie diese heute aussehen, wollen wir verdeutlichen. Die genannten Beispiele weisen dabei jeweils auf besonders eindrückliche Ausprägungen hin. Etwa auf die Frage: »Was hat Anbetung mit Erotik zu tun?« Wahrscheinlich fallen Ihnen beim Lesen selbst sofort noch viele andere Zusammenhänge ein, in denen eine bestimmte Sehnsucht unser Verhalten prägt.

3. Die Sehnsucht im Gottesdienst

Beim Betrachten der liturgischen Elemente eines Gottesdienstes entdeckt man schnell, wie konkret und lebensnah sie sind und wie sie unsere Sehnsüchte ernst nehmen und gestalten. Zu jeder Sehnsucht des Menschen finden sich in einem klassischen Gottesdienst Formen, die darauf reagieren und dem Gottesdienstbesucher von Gott her Erfüllung zusagen können. Beim Stöbern in den traditionellen Elementen wird das gottesdienstliche Geschehen neu transparent und konkret.

4. Die Wiederentdeckung der Sehnsucht

Da, wo man die Bedeutung der Sehnsüchte ernst nimmt, wird aber auch schnell deutlich, dass manche der klassischen Formen heute nicht mehr in verständlicher Weise auf die Menschen eingehen. Anhand praxisnaher und klarer Vorschläge wollen wir Mut machen, das Erleben der Sehnsüchte neu zu entdecken: Sei es durch Wiederbelebung der alten Liturgie oder durch moderne Elemente. Ein Gottesdienst, der so gefeiert wird, ist nämlich nichts anderes als ein Erfüllungsfest unserer von Gott geschenkten Sehnsüchte.

Dieses Kapitel über die Sehnsüchte ist als Steinbruch konzipiert. Sie können es also von vorne bis hinten durchlesen oder sich einzelne Sehnsüchte, die Sie persönlich im Augenblick bewegen, heraussuchen. Schon das Wahrnehmen, Würdigen und motivierte Ausleben einer von ihnen, wird dem Gottesdienst eine ganz neue Tiefe verleihen. Lassen Sie sich überraschen!

Geborgenheit

Die Sehnsucht

In einer Welt, die immer komplexer, immer undurchsichtiger und immer bedrohlicher zu werden scheint, sehnen wir uns alle nach einer Rückzugsmöglichkeit, nach dem Schoß unserer Mutter, die tröstend die Arme um uns legt und uns über den Kopf streichelt. Wir sehnen uns nach Geborgenheit. Robert Bly schreibt in seinem Buch »Die kindliche Gesellschaft«: »Unsere Gesellschaft um die Jahrtausendwende ist geprägt von der Weigerung des Einzelnen, erwachsen zu werden. Politisches Bewusstsein, soziales Engagement, die Auseinandersetzung mit den eigenen kulturellen Wurzeln werden mehr und mehr zugunsten von schnellem Erfolg, Geld, Spaß und Entertainment aufgegeben. Zusehends schwinden die Unterschiede zwischen Erwachsenen und Kindern.« Wir sehnen uns nach einem geschützten und behüteten Ort, nach einer Winterschlafhöhle, in der uns nichts und niemand etwas anhaben kann. Wir wollen geborgen sein in einer unwirtlichen, von Katastrophen und Unheilsbotschaften gebeutelten Welt. Die dazugehörigen Elemente sind: Vertrautheit, Wärme, Heimat, Harmonie, Entspannung, Sorglosigkeit, Wind- und Wetterfestigkeit, Gemütlichkeit, Schutz und Sicherheit. Es gibt keinen Menschen, der nicht von dieser Sehnsucht getrieben wäre.

Wo und wie erleben wir diese Sehnsucht im Alltag?

Ein eigenes Haus, möglichst mit Garten, steht auf der Wunschliste der meisten Familien ganz oben auf Platz 1: »My home is my castle«, ein Ort, von dem mich niemand vertreiben kann, an dem ich tun und lassen kann, was mir gefällt, ein Ort, an den ich mich zurückziehen kann, und ein Lebensraum, der nicht durch andere Mieter unter, über oder neben mir gestört wird. Einer ansonsten immer bedrohlicher werdenden Welt trutzen die eigenen vier Wände und geben Geborgenheit.

Eine weitere Beobachtung: Der Absatz an skandinavischen Holzöfen mit Flammensichtfenster ist in den letzten Jahren in Deutschland enorm angestiegen. Dahinter verbirgt sich das Bedürfnis, sich an einem kalten Winterabend gemütlich vor dem Kamin zu räkeln, noch ein wenig mit den Kindern zu spielen und dann bei einer guten Flasche Rotwein den Abend ausklingen zu lassen. Wir schaffen uns in unserer Privatsphäre Zonen und Phasen der Geborgenheit. Der Rückzug in die eigenen vier Wände (Cocooning), die Konzentration auf das Eigene und der Genuss von Stimulanzen erzeugen in uns eine gelöste, entspannte Atmosphäre. »Schalten Sie Ihre Heizung auf Zukunft!« Mit diesem Slogan wirbt denn auch das Institut für wirtschaftliche Ölheizungen (IWO) auf ganzseitigen Vierfarbanzeigen in den großen Illustrierten. Auf einem Foto im Hintergrund sind die flauschigen Boxershorts und die nackten Füße eines kleinen Jungen zu sehen, der, vor den nackten Füßen eines Erwachsenen tapsend, offensichtlich die Vorteile einer Fußbodenheizung genießt. Mit nackten Füßen sich in der wohlig warmen Wohnung frei und zwanglos bewegen – ein Bild für Geborgenheit.

Mit dieser Sehnsucht spielen auch die Bausparkassen. Die Werbefotos sind stets so angelegt, dass das Gefühl von Behaglichkeit und ganz privater Atmosphäre aufkommt. »Wir geben Ihrer Zukunft ein Zuhause«, heißt es da. Das oftmals mit Angst besetzte Stichwort ZUKUNFT wird aufgefangen und getragen durch die beiden Wörter

WIR und ZUHAUSE: Das Wörtchen WIR will verdeutlichen: »Du bist nicht alleine, du bist eingebettet in eine große Gemeinschaft, du kannst dich fallen lassen in das Netz dieser Gemeinschaft, denn WIR GEBEN dir und deiner Zukunft ein ZUHAUSE.« Der Begriff ZUHAUSE apelliert an den tiefen Wunsch, die tiefe Sehnsucht, nach Heimat, nach einem Ort, wo ich wirklich hingehöre und wo mich niemand vertreiben kann.

Wir könnten noch verschiedene andere Bereiche wie z. B. bestimmte Fernsehserien (Lindenstraße, Unter uns, Gute Zeiten-Schlechte Zeiten usw.) oder die Werbetexte von Versicherungsbroschüren in gleicher Weise überprüfen. Wir könnten den merklichen wirtschaftlichen Aufschwung von Geschäften, die Sicherheitstechnik und Alarmanlagen verkaufen, analysieren. Wir würden jedes Mal auf die Sehnsucht des Menschen nach Schutz und Geborgenheit stoßen, an die jeweils geschickt und unterschwellig appelliert wird.

Die Sehnsucht im Gottesdienst

Wie kaum eine andere Veranstaltung greift der Gottesdienst unsere Sehnsucht nach Geborgenheit auf. Von Anfang an war die bergende und schützende Gemeinschaft der Christen sein wesentliches Merkmal. Die vier Elemente Gemeinschaft, Wortverkündigung, Gebet und Abendmahl (Sakrament) finden wir ja schon in den ersten Beschreibungen des urgemeindlichen Gottesdienstes (Apg 2, 42): »Sie blieben beieinander in der Lehre der Apostel, in der Gemeinschaft, im Brechen des Brotes und im Gebet.« Raum für die Entfaltung solcher Geborgenheit, in die der oder die Einzelne gewissermaßen eintauchen kann, bieten unter anderem die Begrüßung, die gemeinsam gesungenen Lieder, das miteinander gesprochen Glaubensbekenntnis, die Zeit zum Gebet und zur Stille. Gestiftet aber wird diese Geborgenheit durch das Abendmahl und den Segen, die Anwesenheit des Geistes Gottes.

Betrachtet man die meisten Kirchen von außen, so vermögen sie einem schon zunächst das Gefühl von Geborgenheit und Schutz zu vermitteln. »Ein feste Burg ist unser Gott.« Von diesem lutherischen Choral hat sich dann auch so mancher Architekt kräftig inspirieren lassen. Wuchtig muss sie wirken, von dicken Mauern umgeben sein und einen großen Eingang mit einer schweren Tür muss sie haben. Das Glockengeläut der Stundenuhr oder das sonntägliche Läuten zum Gottesdienst vermittelt zumindest einem Teil der Bevölkerung eine gewisse beruhigende und kontinuierliche Präsenz: Sie ist ja da, die Mutter Kirche, auch wenn ich im Moment gerade keinen Bedarf habe.

Betritt man jedoch das Innere einer Kirche, so kommt unvermittelt jene museale Beklommenheit auf, innerhalb derer ich mich fremd und in keinster Weise geborgen fühle. Zunächst einmal ist es kalt, einfach kalt, ich sehne mich sofort nach meinem skandinavischen Bollerofen. Wie oft haben wir bei Konzertreisen mit dem Küster einer Kirche (durchaus moderner Bauart) diskutiert, er möge doch um Himmels willen die kircheneigene Heizung von 14 auf wenigstens 16 Grad aufdrehen. Die Begründungen, die wir jeweils zu hören bekamen, warum das denn »auf keinen Fall« ginge, hatten meistens mit der Orgel (Zitat: »Die Orgel geht bei diesen Temperaturschwankungen kaputt«), mit den Finanzen (»Das wäre zu teuer«) oder mit dem Gebäude (»Da hätten wir schon vor drei Tagen mit dem Heizen beginnen müssen«) zu tun. Das alles sagt sehr deutlich aus, was in der jeweiligen Gemeinde wichtig ist; die Menschen sind es jedenfalls nicht, von Gott ganz zu schweigen. Im Sommer ist es zwar zunächst angenehm kühl, bald aber fröstelt einen nicht zuletzt deshalb, weil die Bank, auf die man sich gesetzt hat, hart und unbequem ist, und weil keinerlei Kontakt zu den übrigen »Gemeindegliedern« zustande kommt. In den vergangenen Jahrhunderten mögen diese großen und festungsartigen Kirchen durchaus ein Gefühl von Erhabenheit und auch Geborgenheit vermittelt haben. Sicherlich empfand so mancher einen Vorgeschmack auf paradiesische Zustände, wenn die Gemeinde dicht gedrängt in die mit Kerzen erleuchtete und vergleichsweise warme Atmosphäre des größten und saubersten Gebäudes am Ort eintauchte. Für einen Kirchgänger vor zwei-, dreihundert Jahren mag auch eine Kirchenbank bequemer und angenehmer gewesen sein als die Sitzgelegenheiten zu Hause; denn damals waren die Kirchen von der Qualität ihrer Einrichtung (bunte Fenster, Schmuck usw.) auf der Höhe ihrer Zeit. Fakt ist: Heute hinkt die Innenatmosphäre vieler Kirchen der ganz normalen Wohnqualität der Gottesdienstbesucher weit hinterher. Das Innere eine Kirche ist beileibe nicht mehr der festlichste und sauberste Ort der Stadt, sondern im aktuellen »Lifestylevergleich« eher eine dunkle, mitunter staubige und kalte Angelegenheit. Und das nehmen die Besucher, gerade Kirchendistanzierte, sehr bewusst war. Die Kirche, die Jahrhunderte darauf bedacht war, das schönste Haus am Platz zu Gottes Ehren zu unterhalten, gibt sich heute oftmals damit zufrieden, einen der ungemütlichsten Plätze für heilige Feiern anzubieten. Das kann man nicht so einfach übergehen.

Diese räumliche Kälte wird verstärkt durch eine innere Kälte der Menschen: Nach dem Prinzip des idealen Gastes haben wir uns angewöhnt, uns möglichst weit von einander entfernt, gleichmäßig im Raum zu verteilen. Wie in einem Museum hört man gedämpfte Einzelunterhaltungen, die irgendwo im halligen Raum umherwabern - wenn Reden überhaupt erlaubt ist. Wie schön wäre es, eine gute dezente Musik im Hintergrund zu hören. Die Orgel könnte leise intonieren, es könnten Taizégesänge oder Anbetungslieder vom Band kommen. Aber nichts dergleichen geschieht; ich werde normalerweise noch nicht einmal begrüßt, dabei wäre es doch ein Einfaches, dass zwei Mitglieder der Gemeinde am Eingang den einzelnen Gottesdienstbesucher wahrnehmen und herzlich willkommen heißen. Ich hätte gerne von Anfang an das Gefühl, dass ich hier richtig bin, dass ich hier willkommen und kein Fremdkörper bin. Man vermisst ganz einfache, initiale »Geborgenheitsangebote«.

Die Erneuerung unserer Gottesdienste hat auch unbedingt etwas mit der Erneuerung unserer Gotteshäuser zu tun. Wie oft haben wir in Gemeinden und von Pfarrern den Satz gehört: »Das geht in unserer Kirche nicht, weil die so und so gebaut ist«. Na und: Dann müssen wir eben anfangen, sie umzubauen. Es gibt wunderbare Beispiele davon, dass Gemeinden, weil sie eine Vision von einem guten und lebendigen Gottesdienst hatten, entweder ihre Kirche tatsächlich umgebaut und renoviert haben oder eben ausgezogen sind aus der ungemütlichen Kirche. Denn genau das sind die meisten Kirchen: ungemütlich.

Die Wiederentdeckung der Sehnsucht

Das Hauptproblem des Glaubens ist für viele Menschen, dass die am Sonntag zelebrierten Formen auf den Alltag nicht oder nur sehr schwer übertragbar sind. Sie wünschen sich ein »heiligeres« Leben, wissen aber nicht, wie sie es gestalten können. So suchen sie einerseits nach einem Halt in traditionellen Formen und fürchten sich gleichzeitig vor einem Einbruch des Alltags in den Sakralraum »Gottesdienst«. Darum wird es Zeit, dass wir das Verhältnis umkehren. Dass wir nicht unser Miteinander zum Alltag werden lassen, sondern verdeutlichen, wie Glauben alltagstauglich wird. Denn unser Gottesdienst kann helfen, dass wir lernen, für unseren Alltag Formen zu finden, die unsere unterschiedlichen Sehnsüchte aufgreifen und in unserem Leben positiv verankern. So könnte aus einer sonntäglichen Eintagsfliege ein kreativer Ideenpool zur religiösen Lebensgestaltung des Einzelnen und der Gemeinde werden. In vielen Gemeinden sind in den letzten Jahrzehnten kleine Zellen, so genannte »Hauskreise« entstanden, die diese Sehnsucht nach Geborgenheit vertiefen und im Alltag verankern wollen. In diesen Hauskreisen treffen sich wöchentlich oder vierzehntägig zwischen acht bis fünfzehn Personen privat in einer Wohnung, um im Gespräch miteinander und im gemeinsamen Singen und Beten ihren christlichen Glauben zu vertiefen. Diese kleinen Zellen der Gemeinde könnten, würden sie sich noch stärker mit den Elementen des Gottesdienstes verbinden, gerade bei der Sehnsucht nach Geborgenheit eine wirkliche Schlüsselposition bekommen.

1. Der *Raum*: Gestalten Sie Ihre Kirche so um, dass sie Wohnzimmer und Marktplatz (**Agora**) der ganzen Gemeinde (auch der kirchlich distanzierten) sein **kann**. Hauen Sie endlich die alten Bänke raus, wenn diese nicht **wirklich** bequem sind. Nirgendwo in der Bibel steht, dass ein Gottesdienst auf harten Bänken abgehalten werden soll. Erinnern Sie sich **daran**, dass die Menschen sich ursprünglich in den Häuser der reichsten Gemeindemitglieder trafen, weil diese am komfortabelsten **und** angenehmsten waren. Arbeiten Sie mit Ecken und Nischen in Ihrer Kirche. Nutzen Sie »Höhlenelemente«. Verlegen Sie Matten oder **Teppichboden**, kurz: machen Sie in Ihrer Kirche Lust auf persönliche **und** zugleich privat erlebte Religiosität.

2. Die *kommunikativen Elemente*: Nutzen Sie die einfachen, aber wirkungsvollen Elemente **wie** persönliche Begrüßung und Verabschiedung. Der Gottesdienst **beginnt** nicht mit dem Orgelvorspiel, sondern da, wo Christen **aufeinander** treffen. Schaffen Sie einen Rahmen von Herzlichkeit, **heißen** Sie Ihre Gemeinde Willkommen und laden Sie sie verbal **und atmosphärisch** auch nachher zum Verweilen ein (Kirchenkaffee).

3. Schaffen Sie eine gute **und** gemütliche *Atmosphäre*. Lassen Sie sich etwas einfallen, **um** Behaglichkeit zu erzeugen. Blumen können auch an den Bänken **stehen**, schaffen Sie sich Lampen mit wärmerem, dimmbarem Licht **an**, oder drücken Sie jedem einen leckeren Keks in die Hand. Das **ist doch** nicht unheilig. Unsere Gottesdienste sind voller atmosphärischer Elemente (Kerzen, Musik, Duftlampen), die wir nur richtig **einsetzen** müssen.

4. Geben Sie auch den kirchlich *Distanzierten* die Möglichkeit, sich in der Form und im **Ablauf** des Gottesdienstes zu Hause zu fühlen (Ablauf des Gottesdienstes auf einem DIN-A4-Blatt). Helfen Sie ihnen auch mit der Erläuterung einzelner Elemente durch den Liturgen. Ein Glaubensbekenntnis **gibt** mir nur dann Geborgenheit, wenn ich es mitbeten und selbst nachvollziehen kann. Wenn Sie am Gottesdienst beteiligt sind, dann sagen Sie bitte anfangs Ihren Namen. Nichts ist distanzierender als ein anonymer Mensch, der »da vorne« vor sich hin werkelt. Offensichtlich rechnen aber unsere Geistlichen nicht mehr damit, dass neue Leute in die Kirche kommen. Entwickeln Sie ein Wir-Gefühl, etwa in dem Sie erwähnen, welche Dinge in Ihrer Gemeinde passieren, damit überhaupt so etwas wie Identifikation und damit Geborgenheit geschaffen werden kann.

5. *Predigt und Texte:* Wenn eine Bausparkasse mit dem Werbeslogan »Wir geben Ihrer Zukunft ein Zuhause« die Menschen so ansprechen kann, dass sie sich auf Jahre, manchmal Jahrzehnte dieser Firma finanziell verpflichten, welche Möglichkeiten hat dann erst eine gute und auf den Punkt gebrachte Verkündigung, die das, was die Gemeinde spürt und atmosphärisch erlebt, nun bloß noch aus dem reichen biblischen »Trost- und Geborgenheitsfundus« dem Einzelnen zusagt. Wenn der oder die Einzelne jedoch im übrigen Gottesdienst nichts« von dieser Geborgenheit spürt, die ihm da vollmundig versprochen wird, wirkt eine dahin ausgerichtete Predigt eher komisch. Betonen Sie immer wieder, dass Gott den Menschen ein treuer Begleiter ist.

6. Gemeinsam gesungene *Lieder:* Wie kein anderes Element des Gottesdienstes vermag das gemeinsam eingeübte (bei neuen und unbekannten Liedern) oder das altvertraute Lied spontan und auf ganz verschiedenen Wahrnehmungsebenen Geborgenheit zu vermitteln: Ich höre auf die anderen und singe mit den anderen, meine Stimme taucht ein in das große Ganze, mischt sich harmonisch in den Klangkörper und lässt mich spüren und erfahren: Ich bin ein Teil des Ganzen, ich komme vor mit meiner Seele. Das hebräische Wort für »Kehle« (näphesch) ist auch gleichzeitig das Wort für »Seele«. Dabei ist zu beachten, dass der gemeinsame Gesang auch wirklich zu einem stimmungsvollen Gesamterlebnis wird und nicht »die Orgel einsam voraus« einen kümmerlich, wimmernden Singsang hinterherschleppt. Singen kann man üben, singen sollte man üben - in jedem Gottesdienst.

7. Das *Vaterunser*: Fast jeder und jede kennt noch irgendwie dieses große gemeinsame Gebet. Trotzdem sollte man es dem kirchlich Fernstehenden abgedruckt zur Verfügung stellen und ohne große Peinlichkeit auch die Möglichkeit geben, das Blatt zu ergreifen und laut mitzubeten. Der Sprachrhythmus und die Formulierungen geben einem selbst dann, wenn man nur mitliest, das Gefühl: Ich gehöre dazu. Man kann eine Liturgie übrigens auch per Overheadprojektor an die Wand werfen, damit die Ungeübten nicht immer traurig nach unten auf ihre Zettel gucken müssen. Darüber hinaus gilt: Jede persönliche Ansprache schafft Geborgenheit. Sagen Sie, warum Sie ein bestimmtes Lied singen wollen oder welche Konsequenzen Sie sich nach einer Predigt wünschen.

8. Das *Abendmahl*/Die *Kommunion*: Es schafft Geborgenheit da, wo wir es wirklich miteinander feiern und dabei einander zugewandt sind. Wenn wir uns in die Augen sehen, einander ein Trostwort sagen und jeder »am eigenen Leib« spürt: Jemand sorgt für mich, und ich werde in dieser Gemeinschaft umsorgt. Ich mache, eingebettet in gemeinsame Gesänge und Gebete, eine Körpererfahrung. Es muss auch nicht immer der Pfarrer sein, der das Brot (und den Wein) austeilt. Warum geben Sie die Gaben nicht durch die Reihen oder im Halbkreis weiter! Dann bekommt jeder nicht nur den Zuspruch, er gibt ihn auch weiter.

9. Nichts vermittelt mehr Geborgenheit als das Wissen um Gottes begleitenden *Segen*. Das sollte man auch deutlich machen. Warum nicht einmal so: Wir fassen uns bei der Hand und »begreifen« einander, fühlen die Geborgenheit der Gemeinschaft und hören, dass der Geist, der uns so verbindet, mit uns aus dieser Kirche hinaus in unseren Alltag geht. Der Segen stellt uns unter den bergenden Schutz des heiligen Geistes. Darauf kann ich vertrauen und mich besinnen, wenn es in meinem Alltag drunter und drüber geht.

10. Ein Gottesdienst, der Lust auf Atmosphäre macht, der spielerisch mit Kerzen, Klängen, Gewändern und Düften umzugehen vermag, macht auch Lust, diese festlichen und bergenden Elemente des Gottesdienstes im *Alltag* hier und da wiederkehren zu lassen. Machen Sie Menschen Mut, die Geborgenheit aus der Kirche mit nach Hause zu nehmen. Oder geben Sie Ihnen ein Symbol mit: ein Bild, eine Kerze, einen Satz oder einen Liedvers, etwas, das zum Begleiter werden kann. Da wird Liturgie zur Lebenshilfe für eine sprach- und formlos gewordene Gesellschaft. Machen Sie den Gemeindemitgliedern Mut, Formen zu finden, die sowohl im Gottesdienst als auch im Alltag gestaltet werden können.

Anerkennung

Die Sehnsucht

Nach kaum etwas sehnen sich Menschen mehr als nach Lob, Trost und Beistand. Wir sind in unserer ganzen Persönlichkeit darauf angewiesen, dass jemand von außen kommt und uns bestätigt, dass unser Handeln richtig und gut ist. Denn keiner kann für sich alleine ein funktionierendes Wertesystem und ein gesundes Selbstbewusstsein aufbauen. Die Sehnsucht nach Anerkennung, die schon bei Kindern ungeheuer ausgeprägt ist, wird nie weniger, sie wird nur gern verdrängt, weil wir ungern zugeben, dass wir von anderen abhängig sind. Gleichzeitig richten sehr viele Menschen ihr ganzes Handeln danach aus, von anderen gelobt (und vielleicht sogar ein wenig bemuttert) zu werden. Wir freuen uns über jeden kleinen Zuspruch des Partners, des Chefs, der Freunde, des Trainers oder des Pfarrers und wir genießen es, wahrgenommen und in unseren Leistungen anerkannt zu werden. Ich, der ich mich selbst mit all meinen Fehlern kenne, vertraue und baue darauf, dass andere mich unterstützen. Kaum etwas wird heute von Therapeuten und Seelsorgern mehr eingefordert, als eine Kultur des aktiven Zuspruchs.

Gerade in einer Zeit, die das Niedermachen und Kritisieren in ganz neuer Weise kultiviert hat, wird es aber in der Gesellschaft immer weniger selbstverständlich, einem anderen Mut zuzusprechen. Manche empfinden es inzwischen schon als peinlich, zu loben oder gelobt zu werden und wissen gar nicht, wie sie damit umgehen sollen. Gleichzeitig wenden wir zunehmend Mechanismen an, um uns zumindest mit Äußerlichkeiten die Anerkennung der Mitmenschen zu sichern. Das fängt bei großen Besitztümern wie Autos, Häusern oder Schmuck an und hört bei der Gier nach Leistung noch lange nicht auf. Wir nutzen die Sehnsucht nach Zuspruch sogar selbst aus, indem wir andere Menschen damit beeinflussen (»Da hast du aber ein schönes Zeugnis bekommen.«). Wir definieren uns immer mehr über das, was wir an externem Zuspruch erfahren. Manche Menschen wissen sich so wenig angenommen, dass sie direkt gierig nach Anerkennung sind. Häufig zählt nicht mein persönliches Erfolgserlebnis, sondern die Wahrnehmung der anderen. Darum sind wir auch so bemüht, Misserfolge als Erfolge darzustellen und Verluste zu Gewinnen zu erklären. Offen auszusprechen, dass man etwas nicht geschafft hat, gilt nicht mehr als ehrlich, sondern als schwächlich.

Wo und wie erleben wir diese Sehnsucht im Alltag?

Das rapide Anwachsen von Fernsehtalkshows ist nur ein Kennzeichen der Sehnsucht nach Zuspruch. Menschen wünschen sich jemanden (den Talkmaster oder den Spielleiter), der ihnen sagt, dass sie auch dann, wenn sie ihre Hunde regelmäßig mit Schuhcreme bestreichen, eigenlich ganz nette, liebenswerte und normale Personen seien. Der Wunsch, die eigene Unsicherheit durch ein Lob und eine Zusicherung von außen ausgleichen zu können, geht aber natürlich noch viel weiter: Es ist der Traum, dass alles, was ich mache, richtig ist. Gleichzeitig genießen es die meisten Zeitgenossen, im Fernsehen oder in der Illustrierten Menschen anzusehen, denen es noch schlechter geht als ihnen, um darin eine Abmilderung ihrer eigenen

Schwächen zu erleben. Es tröstet uns, wenn wir das eigene Leben rechtfertigen können. Auch der Psychoanalytiker oder der Leiter der Selbsthilfegruppe, der mir erzählt, dass nicht ich, sondern meine Kindheit für meine Fehler verantwortlich wären, spricht mir den Mut zu, den ich alleine nicht entwickeln kann. Und natürlich hat sich auch die Werbung längst des Bedürfnisses nach Zuspruch angenommen. Sie vermittelt mir, dass ich etwas kann, etwas bin und etwas darstelle – vor allem dann, wenn ich mir dieses oder jenes Produkt besorge.

In die gleiche Kerbe schlagen viele Sekten und esoterische Gruppierungen, die dem Menschen in erster Linie eine Botschaft vermitteln wollen: »Du hast verborgen in dir die Kraft, alles zu verändern, du musst sie nur nutzen. Du selbst kannst dich heilen; dass du es bisher nicht geschafft hast, lag nur daran, dass du uns nicht kanntest. Ein Guru, Spielkarten, ein unschlagbares System, kosmische Strahlen oder ein wundersamer Stein helfen dir, dein Potential zu wecken.« Wer hört nicht gern, dass er im Prinzip alle Macht der Welt besitzt? Und weil wir alle auf Wertschätzung angewiesen sind, fallen wir auch so gerne darauf herein, wenn man uns schmeichelt. Nichts macht uns gefügiger, als ein geschickt platziertes Lob: »Du bist doch der Einzige, der diese Arbeit gut machen kann!« Darum haben viel zu viele Menschen immer viel zu viel zu tun.

Was mache ich, wenn ich Zuspruch bekommen will? - Ich versuche in der Regel, nicht nur mit meinem wirklichen Können authentisch aufzutreten, sondern mir und anderen etwas vorzumachen. Ich will geliebt, bewundert, akzeptiert werden. Nur passiert in einer Gesellschaft, in der alle so denken, dann in der Regel das, was schon dem übermütigen biblischen Joseph in seinem bunten Festgewand passierte: Neid, Eifersucht und Verachtung entwickelten sich da, wo er auf Anerkennung hoffte. Selbst innerhalb von Familien entstehen sehr schnell Machtgefüge und Hierarchien, in denen für echten, fröhlichen und ernst gemeinten Zuspruch gar kein Raum mehr ist. Wenn dann gar nichts mehr hilft, nutzt man die Chance, wenigstens beeindrucken zu können, wo man nicht auf Zuspruch hoffen darf.

Die Sehnsucht im Gottesdienst

Der Gottesdienst hat die Sehnsucht des Menschen nach Zuspruch schon immer sehr ernst genommen. In einem klassischen Gottesdienst werde ich als Besucher etwa siebenmal gesegnet oder ermutigt (Votum – »Im Namen des Vaters ...«, Gnadenzusage, Salutatio – »Der Herr sei mit euch ...«, Kanzelgruß – »Die Gnade unseres Herrn Jesu Christus ...«, Kanzelsegen »Und der Friede Gottes ...«, Abendmahl, Schlusssegen). Alle diese Formeln und Elemente wollen dem Menschen nur eines sagen: Du bist geliebt, und du hast einen Gott bei dir, der dich von allen äußerlichen Bestätigungen unabhängig macht. Ja, er sagt dir gerne zu, dass du als sein Geschöpf wundervoll und gewollt bist. Sein Friede ist größer als alles, was der Prediger je in Worte fassen könnte, seine Anwesenheit ist ein Geschenk, und er verspricht, in seinem Segen alle Angst aufzufangen. Beginn und Ende des Gottesdienstes stehen daher ganz unter dem Zeichen des Zuspruchs. Der offizielle Anfang der Feier ist eine Zusage der Präsenz des dreieinigen Gottes, ohne den niemand Gottesdienst erleben kann, und das Ende ist ein Stärken und Ermutigen für den Schritt zurück in den Alltag, der ohne Gott genauso wenig gestaltet werden kann. Die große Zahl ansprechender und segnender Formeln, die im Lauf der Liturgiegeschichte wuchs, weist darauf hin, wie sehr sich die Gottesdienstgemeinde schon immer nach Zuspruch gesehnt hat und wie sehr sie sich darum bemüht hat, Gottes Liebe Gestalt zu geben.

Die Wiederentdeckung der Sehnsucht

Gerade neue Gottesdienstformen müssen sich überlegen, wie sie dieser lebendigen Sehnsucht der Gemeinde, die ja Gottes ureigenes Anliegen ist, gerecht werden. Viele Menschen scheuen sich nämlich, anderen die Liebe Gottes einfach so zuzusprechen. Aber auch klassische Liturgien sollten klären, ob denn tatsächlich bei jedem Segen Kraft und Heil bei den Menschen ankommt oder nicht. Ein Gottesdienst, in dem Menschen die ganze Kraft von Gottes Zuspruch erfahren, wird sie auch einladen. Schon wer die traditionellen Formen des Segens für sich bewusst wahrnehmen kann, kommt als gestärkter Mensch aus dem Gottesdienst.

1. Dass Gottesdienste ein Ort des Zuspruchs und der Anerkennung sind, ist nicht nur ein markantes Kennzeichen, es ist gerade in einer zuspruchsarmen Welt eine der großen Chancen unserer Gemeinden. Genau das erleben übrigens all die Kirchen, in denen Veränderungen zu einer echten Erneuerung geführt haben: Ihre Gottesdienste werden zu ermutigenden Feiern, in denen Menschen ihre Sehnsüchte nach Zuspruch ganz bei Gott ausleben können. Dazu brauchen wir vor allem ein neues Bewusstsein! Fordern Sie ihre Gemeinden auf, in der Welt und bei den Mitmenschen nicht immer das Schlechte, sondern einfach mal das Gute zu sehen. Schon das verändert den Umgangston völlig. Schaffen Sie ein echtes Klima für Ermutigung und gegenseitige Annahme und helfen Sie den Besuchern, diese Geschenke Gottes auch anzunehmen.

2. Menschen, die gemeinsam einen Gottesdienst feiern, müssen auch wirklich spüren und erkennen, dass Gottes Liebe ein Zuspruch ist. Gerade moderne Liturgien kürzen gern die alten Trost- und Segensworte heraus, ohne einen adäquaten Ersatz zu schaffen. Fragen Sie sich, wo Sie persönlich in ihrem Gottesdienst in einer bewussten und konkreten Weise Zuspruch erhalten und denken Sie notfalls über ganz neue Formen nach. Man kann für sich selbst oder für andere aufschreiben, was man lobenswert findet. Man kann Predigten über die Kunst des Lobens halten. Man kann auch immer wieder Menschen erwähnen, die für die Gemeinde Gutes getan haben. Vor allem aber sollte jeder Einzelne mit seinen Bedürfnissen vorkommen. Warum bietet man nicht ab und an wieder Einzelsegnungen an, bei denen sich Mitarbeiter Zeit nehmen, auf die individuellen Lebensfragen der Gemeindeglieder einzugehen und daraufhin zu segnen? Gibt es in Ihrer Gemeinde ein Bewusstsein dafür, dass jede Christin und jeder Christ berechtigt ist, zu segnen? Warum geben Sie nicht den Menschen ein Segenswort in gedruckter Form mit nach Hause? Oder lesen Sie im Gottesdienst einmal einen Text wie folgenden:

Du hast es nur noch nicht probiert

Im Kino kommt heut ein Film
mit dieser Schauspielerin,
bei der dein Herz so klopft, dass sich die Jacke beult.
Sie sitzt vorm Spiegel betrübt und fragt: Ob einer
     mich liebt?
Das halbe Kino schluckt. Das halbe Kino heult.
Da stehst du auf und rufst: »Ich!«
Und alle starren auf dich,
doch sie springt aus der Leinwand raus.
Ein leerer Fleck bleibt im Bild.
Ihr zwei umarmt euch wie wild,
dann geht ihr glücklich nach Haus.

     Du hast es nur noch nicht probiert,
     und darum glaubst du's nicht!

Du gibst dich so stinknormal. Es ist dir selbst
     eine Qual.
Doch eines Tages fällst du auf im Einerlei.
Da explodiert dein Gefühl, du tanzt im Menschengewühl.
Du bist ein Tango, ein Vulkan, ein Jubelschrei.
Die Leute rings um dich her
erstarren und atmen nicht mehr.
die Zigaretten gehen aus.
Es schweigen Auto und Bahn,
dein Tanz hält Flugzeuge an,
und endlich donnert Applaus.

     Du hast es nur noch nicht probiert,
     und darum glaubst du's nicht!

Mensch, du bist hart wie ein Stein,
wie zärtlich könntest du sein,
und die gefrornen Blicke taun wie nichts dahin.
Mensch, du bist stumm wie ein Fisch, und alles warte
*   auf dich.*
In dir steckt doch noch so viel Ungeahntes drin!
In dir schläft Tanz und Gesang,
und was noch keinem gelang,
das packst vielleicht gerade du.
In dir schläft Mut, Phantasie,
na, und vielleicht ein Genie.
Na, los, nun trau dir's doch zu!

Du hast es nur noch nicht probiert,
und darum glaubst du's nicht!

Text: Gerhard Schöne
Mit freundlicher Genehmigung des Autors

3. Anerkennung ist nicht nur etwas zwischen Menschen und Gott. Eine Gemeinde, die wirklich zur Gemeinschaft werden will, sollte sich immer auch fragen, wo die einzelnen Mitglieder oder Kreise gelobt und motiviert werden. Im Gottesdienst kann das in einer Gesprächsphase passieren, zu Sitzungen und Arbeitsgesprächen sollte es eigentlich dazugehören. Setzen Sie an den Anfang jeder Arbeitsphase eine positive Rückmeldephase: Das hat mir in der letzten Woche gut gefallen. Manche Kirchenvorstände sind es so gewohnt, gescholten zu werden, dass sie völlig überrascht wären, wenn einmal jemand mit einem ermutigenden oder lobenden Wort zu ihnen käme. Darüber hinaus ist es wichtig, der Gemeinde neu zu verdeutlichen, dass der Segen und das Lob eines Pfarrers nicht mehr oder weniger Wert ist als der eines Laien. Gott segnet, und wir können diesen Segen nur zusprechen. Warum segnen sich nicht einmal die Mitarbeiter gegenseitig für die anstehenden Aufgaben oder ihre persönlichen Anliegen?

4. Überlegen Sie, welche der Zuspruchsformeln aus der klassischen Liturgie heute überhaupt noch als solche verstanden und empfangen werden. Formulieren Sie dann (auch für sich selbst) neue Segensformeln, die der Bilder- und Symbolsprache der Gegenwart gerecht werden. Auch die Bibel scheut sich nicht, Gott als Mutter, Tröster oder Hirten zu bezeichnen. Ein gelungenes Bild oder ein Vergleich helfen uns, dieser abstrakten Sehnsucht nach Halt und Zuspruch Ausdruck zu verleihen. Vielleicht lässt sich aus der Suche nach neuen Worten für die heilende und behütende Kraft Gottes sogar ein eigener Gottesdienst gestalten.

5. Machen Sie Lob und Zuspruch überhaupt zu einem Thema Ihrer ganzen Arbeit. Und lassen Sie dabei die Liebe und den Glauben an Gottes wundervolle Schöpfung im Mittelpunkt stehen. Ermutigen Sie die Menschen, ihre Gefühle offen auszusprechen, ohne zu verletzen. Nicht nur, weil das die Gelobten oder Ermutigten ungeheuer aufbaut, sondern auch, weil aktiv lobende Menschen bald merken, dass sich ihre eigene Lebenseinstellung verändert. Wer Loben lernt, der hört auf, alles negativ zu sehen. Und wenn ein Kritisierter spürt, dass alle Rückmeldungen nur deshalb gegeben werden, weil die Menschen glauben, dass er sein Potenzial noch nicht ausgeschöpft hat, wird er die Kommentare anders erleben, als wenn er sich jedes Mal in Frage gestellt fühlt. Da, wo Ermahnungen und Anfragen als hilfreiche, anregende Hinweise und nicht als dogmatische Verurteilungen ausgesprochen werden, entsteht in der Regel schnell ein wunderbares und förderliches Klima der Offenheit und Ehrlichkeit, in dem auch die Gemeinschaft aufblüht.

6. Schaffen Sie sich zwei Briefkästen an: einen für Kritik und einen für Lob. Machen Sie der ganzen Gemeinde Mut, beide regelmäßig zu füllen. Nur Menschen, die loben können, werden auch fähig, Lob anzunehmen. Und nur wer gelernt hat, seine positiven Gefühle auszudrücken, findet auch angemessene Worte für die negativen. Allerdings sollten Sie dann auch bereit sein, etwaige Kritiken, die in Deutschland besonders gerne verteilt werden, ernst zu nehmen.

7. Denken Sie doch einmal über einen Gottesdienstarbeitskreis nach, in dem offen über die positiven und negativen Erfahrungen mit einzelnen Gottesdiensten nachgedacht wird. Ist die Atmosphäre von Zuspruch und Anerkennung geprägt, wird es sogar möglich, den Prediger zu bitten, seine Predigt zukünftig doch einigen Interessierten vorab zum Probelesen zu geben. Ein Pfarrer oder Prädikant, der wirklich am Wohl seiner Gottesdienstgemeinde interessiert ist, wird froh sein, hilfreiche Kommentare zu bekommen. Und er wird nach dem Überarbeiten feststellen, dass seine Texte wirklich relevanter, lebensnäher und anschaulicher geworden sind.

8. Gewöhnen Sie sich an, jedem Menschen, den Sie in der Gemeinde treffen, erst einmal etwas Zusprechendes zu sagen. Sie werden sehen, wie das nicht nur das darauf folgende Gespräch, sondern die gesamte Beziehung intensiviert und vertieft. Ein aufbauendes Klima fängt bei Einzelnen an. In der amerikanischen Willow Creek-Gemeinde pflegt man den Grundsatz: »Lobe jemanden erst zehnmal, bevor du ihm eine negative Kritik sagst.« Und alle waren verblüfft, als sie entdeckten, dass das anfangs zwar komisch, auf die Dauer aber gar nicht schwer ist. Wir haben nur das Loben verlernt. Das gilt übrigens auch für Gespräche über Dritte. Lästern ist ja zu einer der Lieblingsbeschäftigungen geworden. Es würde einiges in unseren Gemeinden ändern, wenn wir uns zumindest genauso viel Zeit nähmen, Positives über andere zu berichten.

9. Starten Sie eine Aktion »Ich lob dich mal!«, in der vom Kindergarten bis zum Seniorenkreis alle eingeladen sind, sich Zuspruchsaktionen einfallen zu lassen, die Menschen Mut machen. Sie werden überrascht sein, welche Folgen das nicht nur für die Gemeinde, sondern – bei entsprechender Öffentlichkeitsarbeit – für die ganze Stadt haben kann. Außerdem werden Sie eines feststellen: Mitarbeiter, die regelmäßig gelobt werden, arbeiten nicht nur motivierter, fröhlicher und freundlicher, sie stecken auch andere mit ihrer Freude an. Viele engagierte Ehrenamtliche warten seit langem darauf, dass endlich einmal jemand ihren Einsatz würdigt.

10. Machen Sie den Menschen Mut, ihre Sehnsucht nach Anerkennung ernst zu nehmen – aber sich auch zu fragen, was dahinter steht, und der Erkenntnis, dass wir auf Zuspruch angewiesen sind, Raum zu geben. So kann die »Anerkennung« schnell zu einem theologischen Thema werden, in dem einige der grundlegendsten Glaubenserfahrungen – wie etwa Umgang mit Schuld, mit Minderwertigkeitskomplexen, mit Ängsten oder mit aufgesetzten, künstlichen Verhaltensweisen – angesprochen sind. Denn es geht ja nicht nur um äußere Formen, dahinter stecken oft existenzielle Lebensfragen, die zu oft ausgespart werden.

Vertrautheit

Die Sehnsucht

Menschen wissen gern, woran sie sind. Alles Fremde macht ihnen erst einmal Angst oder sorgt zumindest für Unbehagen, während es den meisten gut tut, eine Heimat, ein Zuhause und ein Lebensumfeld zu haben, in dem sie sich zurechtfinden können, ohne andauernd wieder alles in Frage stellen zu müssen. Darum ist es auch kein Wunder, dass Sorgen und Ängste vor allem da entstehen, wo Unklarheiten herrschen, wo die Gefahr nicht eingeschätzt und die Bedrohung nicht ermessen werden kann. Alles, was unkalkulierbar erscheint, löst erst einmal Unsicherheit und Schrecken aus. Bisweilen sind wir sogar bereit, unangenehme Zustände trotz aller Widrigkeiten zu ertragen, weil diese immerhin überschaubar sind, während ein Einlassen auf neue Wege immer Risiken mit sich bringt.

»Der Mensch ist ein Gewohnheitstier.« Er freut sich über vertraute Strukturen, in die er sich fallen lassen kann, ohne andauernd vor neue Entscheidungen gestellt zu werden. Gerade das wird aber immer schwerer. Wir erleben momentan eine Epoche, in der letztlich in fast jedem Bereich völlige Wahlfreiheit gegeben ist. Sei es Beruf, Weltanschauung, Moral, Familie, Kultur, Religion oder Sittenkodex: Jede Generation sucht sich ihre eigenen Werte. Und während noch vor fünfzig Jahren klare gesellschaftliche Strukturen bestanden, die dem Leben einen überschaubaren Rahmen gaben und wesentliche Dinge des Lebenslaufes regelten, fehlen heute diese Vorgaben. Der Verlust von Traditionen führt in erster Linie zu einem Verlust von Selbstverständlichkeiten. Vor hundert Jahren war es selbstverständlich, dass die Söhne den Betrieb des Vaters übernahmen. Sie hatten keine Wahl.

Heute kann normalerweise jeder frei entscheiden. Doch der daraus resultierende und überall erfahrbare Zwang, wählen zu müssen, wird immer mehr zur Belastung und fördert die Suche nach Vergewisserung, Sinnfindung und Verortung. Die herausfordernde, vor hundert Jahren noch kaum vorstellbare Präsenz fremder Religionen und die zunehmende Differenzierung zwischen öffentlicher und privater Religion, in der sich jeder aus den vielfältigen sakralen Angeboten das heraussucht, was er gerade denken will, individualisiert auch und gerade den Glauben und verunsichert die Menschen. Darum ist es auch kein Zufall, dass viele ältere Menschen in dieser für sie nicht mehr verständlichen Welt in der traditionellen Liturgie ein Zuhause finden, in dem sich seit ihrer Kindheit nichts geändert hat. Aber auch die Jüngeren sehnen sich vermehrt nach Lebensbereichen, die nicht dem ständigen Wechsel unterliegen.

Wo und wie erleben wir diese Sehnsucht im Alltag?

Das schon erwähnte Zurückziehen in die eigenen vier Wände ist sicher das deutlichste Zeichen für die Suche nach Vertrautheit. Wir kommen gerne möglichst schnell wieder dahin, wo uns alles bekannt, sicher und überschaubar erscheint. Wir essen am liebsten zu Hause, weil es da die Lebensmittel gibt, die uns sicher schmecken, wir schlafen nicht gerne in fremden Betten, und wir ärgern uns, wenn etwas ausnahmsweise einmal nicht an dem Platz steht, an dem es sonst immer steht. Sozialwissenschaftler beobachten darüber hinaus eine starke Entwicklung zu konservativen Lebensansätzen. Nicht erst durch Aids hat etwa häufig wechselnder Geschlechtsverkehr seine Aura des Abenteuerlichen verloren; in vielen Bereichen greifen die Menschen wieder auf kontrollierbare und möglichst ungefährliche Verhaltensmuster zurück. Wir freuen uns, wenn wir Elemente finden, die unseren Alltag klar strukturieren.

Das massive Ansteigen von Fernsehserien, die jeden Tag gesendet werden, belegt das eindrücklich. Ganz gleich, ob Seifenopern wie die Lindenstraße, Familienserien, Raumschiff Enterprise oder Derrick: Wir freuen uns, wenn wir auf dem Bildschirm bekannten Gesichtern begegnen und wir irgendwie schon Teil der Familie sind. Die Geschichten, die uns erzählt werden, sind dabei nur halb so interessant wie die Regelmäßigkeit. Alles soll überschaubar und möglichst wenig herausfordernd wirken. Selbst in modernen Werbeaktionen wird immer wieder bewusst darauf angespielt, dass es sich lohnt, etwa den milchigen Kinderriegel deshalb auch für seine eigenen Kinder zu wählen, weil schon unsere Eltern ihn als Belohnung eingesetzt haben. Die gute alte Zeit ist auf einmal wieder verkaufsfördernd geworden. Von der Mode, die immer wieder vergangen geglaubte Trends neu aufgreift, ganz zu schweigen.

Selbst im Urlaub, dieser besonderen Zeit, in der man bewusst versucht, dem Alltag zu entfliehen, wählen die meisten Menschen nach den Fernreisetrends der Achtziger heute wieder Ziele, die weniger abenteuerlich, dafür aber heimatlich sind. Dabei spielt es keine Rolle, ob ich jedes Jahr an den gleichen Ort fahre oder ob ich mir Ziele auswähle, bei denen ich sicher sein kann, dass man dort auch deutsch spricht. Und wenn ich mich selbst beim gelungensten Urlaubsaufenthalt am Ende darauf freue, wieder nach Hause zu kommen, hat das auch etwas mit dieser Freude an der Gewohnheit zu tun. Aber natürlich ist die Sehnsucht nach Vertrautheit in jedem Jahrhundert zu beobachten gewesen.

Die Sehnsucht im Gottesdienst

Die gesamte Entwicklung der Liturgie spiegelt die Sehnsucht nach Vertrautheit wieder. Es tut gut, wenn ich jeden Sonntag den gleichen Elementen begegne und mich einfach fallen lassen kann. Dagegen ist auch gar nichts zu sagen, solange der Ablauf des Gottesdienstes präsent ist und der Besucher weiß, was er da tut. Wenn aber die Liturgie zur Geheimdisziplin wird, die nur Eingeweihte verstehen, oder wenn sie zur Kuschelecke mutiert, in der man so schön dösen kann, während die Lippen automatisch Texte murmeln, die sie nicht verstehen, widerspricht das dem eigentlichen Anliegen der Feier. Theologisch ist der gesunde Gottesdienstschlaf vor allem deshalb kritisch zu sehen, weil die Bibel letztlich ein Buch des Aufbruchs ist. Von Abraham bis zu den Aposteln wird ein Gedanke immer wieder deutlich: Wer Gott begegnet, der macht sich auf einen Weg; einen Weg, der dadurch gekennzeichnet ist, dass der Glaubende auf Gottes führende Kraft vertraut und sich gerade nicht hinter Gewohnheiten verschanzt. Immer wieder erzählt die Bibel von herausgeforderten und gerufenen Menschen, die nur deshalb Gottes Liebe nicht erkennen, weil sie sich zu sehr an das Vertraute klammern. Und bisweilen scheint es so, als wären wir in der Kirche stolz darauf, dass wir seit zweitausend Jahren die Erinnerung daran pflegen, dass Jesus die Veränderung gepredigt hat. Mit Sicherheit ist die Sehnsucht nach Vertrautheit auch eine der größten Widersacherinnen eines lebendigen Glaubens.

Trotz dieser inhaltlichen Grundbedenken soll und muss ein Gottesdienst der Sehnsucht nach Vertrautheit gerecht werden. Gerade weil diese ein Grundbedürfnis des Menschen ist. Darum gab es in den Gemeinden auch von Anfang an Psalmen und Lesungen, die die Verbundenheit der Gegenwart mit der Vergangenheit, der Zuverlässigkeit und der Beständigkeit Gottes zeigen. So wie schon vor dreitausend Jahren Menschen zu Gott gebetet haben, beten auch wir in diesem Augenblick, wir sind nicht nur hier und heute zusammen, wir sind Teil der großen, mächtigen Geschichte Gottes mit den Menschen. Ähnliche Funktion haben natürlich das Vaterunser und das

Glaubensbekenntnis, vor dem ja häufig bewusst der Satz kommt: »Lassen Sie uns mit der weltweiten Christenheit der Gegenwart und der Vergangenheit unseren christlichen Glauben bekennen.« Wir sind bei Gott gehalten, egal wie wild die Welt sich um uns bewegt und verändert.

Die Wiederentdeckung der Sehnsucht

Die gerade zur Jahrtausendwende sich stärker herausbildende Suche nach bergenden und klaren Formen kann für die Kirche eine Chance sein – wenn sie diese nutzt. Allerdings darf sie nicht vergessen, dass die meisten klassischen Elemente den Menschen gar nicht mehr vertraut sind. Wer heute als Pfarrer eine Hochzeit mit Kirchendistanzierten feiert, der wird immer wieder erleben, dass er das Vaterunser alleine spricht, weil es nicht mehr zur Allgemeinbildung gehört. Es kommt also darauf an, die Geborgenheit und die Regelmäßigkeit der Gottesdienste so zu gestalten, dass neue Vertrautheiten entstehen, die zugleich deutlich machen, welche große und bewegte Geschichte dahintersteht.

1. Versuchen Sie im Gottesdienst regelmäßig die Anbindung an die Geschichte zu verdeutlichen. Man feiert anders Eucharistie bzw. Abendmahl, wenn man sich immer wieder neu bewusst macht, dass Menschen das seit zweitausend Jahren genauso tun. Eröffnen Sie den Besucherinnen und Besuchern die großen Dimensionen, in denen das Christentum steht. Da, wo wir erkennen, dass wir in einer großen Tradition stehen, fällt es oft leichter, im Heute groß zu denken. Es geht an einem Sonntagmorgen nicht nur um die Menschen in dieser Kirche, in ihr bündelt sich die Geschichte Gottes mit seiner Schöpfung, versammeln sich Gegenwart und Zukunft und verbinden sich Christen aller Zeiten und Kontinente.

2. Benutzen Sie ruhig feste Formen, wenn diese dem Lebensgefühl der Menschen entsprechen. Die katholische Kirche hat dabei in der Beachtung der unterschiedlichen Sinne der protestantischen viel voraus. Es ist einfach schön, wenn in bestimmten Augenblicken Klingeln, Geruch, Aufstehen oder Nach-vorne-Gehen vorhersehbar passieren. Aber das kann man ja auch ausbauen. Helfen Sie den Neuen durch klare Ablaufprogramme und laden Sie die Erfahrenen immer wieder ein, Neues auszuprobieren. So könnte etwa immer nach der Predigt ein Erfahrungselement kommen. So ließe sich Vertrautheit und Innovation verbinden. Eine Gemeinde im Rhein-Main-Gebiet eröffnet jeden Gottesdienst mit einem großen Gong, dessen Schwingungen nicht nur hörbar, sondern auch spürbar sind. Eine tolle Erfahrung.

3. Stellen Sie Vertrautheit immer wieder her, indem sie Personen, Inhalte und Konzepte rechtzeitig ankündigen. Es ist nicht zu erklären, warum wir zum Beispiel immer erst am Anfang einer Predigt bekannt geben, über welches Thema diesmal gesprochen wird. Wenn ich am Anfang des Gottesdienstes sage, welche Bibelstelle heute inhaltlich zu Grunde liegt, werden die Menschen nicht nur bewusster und klarer die Liturgie mit dem Thema in Beziehung setzen, sie werden sich auch auf die Predigt freuen. Meist ist es sogar sinnvoll, den ungefähren Inhalt der zu erwartenden Predigt schon einige Wochen vorher bekannt zu geben. Dann ist es auch keine Seltenheit, dass man als Pfarrer angesprochen wird: »Nächste Woche predigen Sie über Einsamkeit. Ich bin sehr gespannt, was Sie sagen werden.«

4. Wenige Gemeinden machen sich über die Vertrautheit mit den agierenden Personen Gedanken. Wenn der Gottesdienst ohnehin nur von einer Person gefeiert wird, ist das auch schnell erledigt. Überall da aber, wo die Liturgen oder die aktiv beteiligten Gemeindeglieder regelmäßig wechseln, sollte man darauf achten, dass zumindest einige Personen so eingeteilt sind, dass ich jede Woche ein

Gesicht finde, dass ich auch schon in der vorhergehenden Woche gesehen habe. Es ist auch keine Schande, auf einem Gottesdienstblatt oder per Overheadprojektor die Namen der Agierenden zu erfahren. Es ist doch schön, wenn ich weiß, wer für mich orgelt. Für die Begrüßer am Eingang heißt das simple Gebot: Namensschilder!

5. Vertrautheit wird immer da am deutlichsten, wo sie unterbrochen oder variiert wird. Darum werden die Gottesdienstbesucher die Kontinuität und die gewohnten Elemente dann am deutlichsten wahrnehmen, wenn Sie regelmäßig Kleinigkeiten in ihrer Liturgie ändern. Wenn Sie einmal den Psalm weglassen und durch einen kurzen literarischen Text eines Dichters, etwa ein Gedicht von Rilke, ersetzen, hört die Gemeinde die alttestamentlichen Worte das nächste Mal umso bewusster. Haben Sie Mut zur Überraschung, umso die vertrauten Formen zu stärken.

6. Feiern Sie das Kirchenjahr bewusst. Lassen Sie es nicht einfach nur ablaufen, sondern versuchen Sie, die uralte Kraft des zyklischen Denkens positiv für Ihre Gemeinde zu nutzen und zum Leben der Menschen in Beziehung zu setzen. Heizungen, klimatisierte Büros, Obst im Winter und variable Ferien haben dazu geführt, dass wir immer weniger mit den Jahreszeiten und dem Kirchenjahr leben. Warum gibt es Advent, Weihnachten, die Fastenzeit, Ostern, Pfingsten, Erntedank oder den Buß- und Bettag? Machen Sie Mut, rückblickend und vorausschauend in wiederkehrenden Bezügen zu denken und die spezifischen Sonntage (auch den Schmuck des Altarraumes) dementsprechend auszugestalten. Dazu gehört natürlich auch ein bewusstes Leben mit den Farben des Kirchenjahres, die von den meisten Gemeindemitgliedern kaum wahrgenommen werden.

7. Bemühen Sie sich, in Ihrem Gottesdienst Momente zu gestalten, die auch aus dem Alltag vertraut sind. Zu oft hat unsere kirchliche Liturgie so wenig mit dem Rest unseres Lebens zu tun, dass wir schon aus diesem Grund nur eine radikale Wahl haben:

Entweder wir sind bereit, diese ganz andere Welt als Zufluchtsort zu begreifen oder wir kommen eben nicht wieder. Christsein in der Welt will aber doch gerade ein Ghetto-Bewusstsein vermeiden. Es mag ungewohnt sein, doch es gibt keinen Grund, warum man nicht auch in einem Gottesdienst einmal mit Musikeinspielungen, zum Thema passenden Videoclips, kurzen Theaterstücken und ähnlichen Elementen arbeiten sollte, die den Alltag der Menschen in den Gottesdienst bringen und ihn dadurch zu einem Ort des Lebens machen. Stellen Sie einfach einmal einen Fernseher auf den Altar und das Thema Vertrautheit wird Ihre Gemeinde lange bewegen. (Vielleicht aber auch etwas ganz anderes!)

8. Gehen Sie nicht mehr davon aus, dass die Lieder aus dem Kirchengesangbuch alle bekannt sind. Abgesehen von Karaoke hat öffentliches Singen in den letzten Jahrzehnten sehr an Bedeutung verloren. Vertrautheit kann ich also nur dadurch herstellen, dass ich etwa bestimmte Lieder, wie ein Segenslied oder ein Eingangslied, häufiger singe. Auch für die alten liturgischen Gesänge, die für viele heute weder von der Musik noch vom Text her nachvollziehbar sind, lassen sich Alternativen finden.

9. Nutzen Sie Predigtserien und markante Predigtstellen, um Gottesdienste miteinander zu verbinden. Wenn Sie sich auf Vergangenes beziehen und Kommendes ankündigen, beenden Sie den singulären Charakter der Einzelveranstaltungen. Natürlich ist es sinnvoll, dass jeder Gottesdienst in sich geschlossen und eigenständig ist; ein allzu einfaches Denken von Sonntag zu Sonntag trägt aber gleichzeitig dazu bei, dass es dann irgendwie auch egal ist, ob ich nun einen bestimmten Gottesdienst besucht habe oder nicht. Wenn ich vier Sonntage thematisch oder strukturell verbinde und das gut mache, werden sich die Menschen zweimal überlegen, ob sie einen Gottesdienst verpassen wollen. Auch schriftliche Versionen der Predigt oder Kassetten können dazu beitragen, dass der Sonntag nicht ein Kurzzeiterlebnis wird.

10. Machen Sie immer wieder deutlich, dass Vertrautheit letztlich nicht an Äußerlichkeiten hängen darf. Einer, dessen Zuhausegefühl sich darin begründet, dass er seit dreißig Jahren auf dem gleichen Platz sitzt, und der schockiert ist, wenn ein Konfirmand es wagt, sich dorthin zu setzen, dem fehlt offensichtlich gerade die innere Vertrautheit im Glauben. Ebnen Sie den Menschen einen Weg von den symbolhaften Merkmalen der Vertrautheit zu echtem Vertrauen in Gottes Gegenwart. Machen Sie Mut, sich von Äußerlichkeiten zu lösen, mit Gott zu rechnen und in größeren Dimensionen zu denken.

Vergebung

Die Sehnsucht

»Es tut mir Leid, und ich bitte dich um Vergebung für das, was ich getan habe.« Kaum ein Satz fällt uns so schwer wie dieser. Es widerstrebt uns zutiefst, uns selbst und einem anderen einzugestehen, dass wir etwas grundlegend falsch gemacht haben. Wir sind stolze Menschen und in der Regel wirklich überzeugt von unserem Standpunkt. Der Spruch »Der Klügere gibt nach« mag wohl mal in einem erhitzten, stundenlangen und völlig ergebnislosen Streit ein ganz witziger Einwurf sein, aber für den Lebensalltag, zum Beispiel in einer Ehe, taugt er überhaupt nicht. Gerade wenn ich die Worte von Martin Buber »Am Du reift das Ich« ernst nehme, ist es von entscheidender Bedeutung, dass ich um meinen Standpunkt, um mein Recht kämpfe und dem anderen meine andere Meinung zumute und mich nicht einfach unterbuttern lasse. Und doch gibt es Situationen, in denen klar ist: Ich habe mich vergaloppiert, ich bin über das Ziel hinausgeschossen und habe dabei den anderen verletzt. Und nun sehne ich mich nach einer Klärung dieser Situation, ich sehne mich nach einem reinigenden Gewitter, nach einer Möglichkeit, »alles wieder gut« zu machen.

Mein Lebensgefühl ist im Keller. Immer und immer wieder muss ich unterschwellig an die »zerbrochene Kommunikation« denken. In einer Ehe etwa geht man sich dann zunächst aus dem Weg, kommuniziert vielleicht über die Kinder oder verzieht sich einfach. Aber das geht nicht sehr lange gut; die Ehe, die Beziehung zum anderen leidet und wird krank und man selber wird auch krank (oder man verdrängt die zerbrochene Situation und riskiert einen noch größeren Bruch). Wie gut ist es, wenn man dann eine Situation und den Mut findet, plötzlich innezuhalten, dem anderen in die Augen zu sehen und zu sagen: »Es tut mir Leid, ich wollte dich nicht verletzen.« Hören Sie die Steine, die da der geplagten Menschenseele vom Herz fallen? Manchmal wird Schuld jedoch sehr unterschiedlich empfunden. Ein Text von *Gerhard Schöne* möchte uns sensibilisieren:

Verluste

Fällt ein Baum zu Boden,
ist das nicht schlimm,
sagen die Großen.
Bäume gibt's viele.

Fällt aus dem Nest ein Vogel,
ist das nicht schlimm,
sagen die Großen.
Vögel gibt's viele.

Weint ein Kind am Abend,
ist das nicht schlimm,
sagen die Großen.
Tränen gibt's viele.

Ist zerkratzt ein Auto,
dann ist das schlimm,
sagen die Großen.
Autos muss man pflegen.

Geht ein Kind verloren
in einem Kind,
merken das nicht viele,
wohl, weil sie groß sind.

Geht ein Kind vrloren
in einem Kind,
trauern drum die Bäume,
weinen die Vögel.

Mit freundlicher Genehmigung des Autors

Wo und wie erleben wir diese Sehnsucht im Alltag?

»Heute sündige ich aber wieder ...«, frohlockt die 68jährige, zucker-kranke Tante Erna und schiebt sich genussvoll das sechste Stück Schwarzwälderkirschtorte in den Mund. Unsere jugend- und ge-sundheitssüchtige Wohlstandsgesellschaft suggeriert uns perma-nent ein schlechtes Gewissen: Wir ernähren uns falsch, wir trinken zu viel Alkohol, rauchen zu viel und treiben zu wenig Sport. Der gan-ze Wellness- und Fitnessboom hat letztlich auch mit unserer Sehn-sucht nach Vergebung zu tun. Wir wollen die »begangenen Sünden« an unserem Körper wieder rückgängig oder gut machen (»Heute quä-le ich mich wieder ...«). Ein anderes Beispiel: »Alle Jahre wieder ... kommt die Advents- und Weihnachtszeit« – und rollt für sechs bis acht Wochen konsumrauschartig über uns hinweg. Gleichzeitig spült uns die Post gerade in dieser Zeit einen rührigen Spendenauf-ruf nach dem anderen in den Briefkasten, und wir spenden und spenden wie zu keiner anderen Jahreszeit (Das ist an sich ja nichts

Schlechtes.). Denn irgendwie stimmt es noch immer: Die Botschaft von dem kleinen, frierenden Kind im zugigen Stall, die Botschaft vom besitzlosen, umherziehenden Jesus von Nazareth schärft uns angesichts einer überaus reichen, westlichen Konsumgesellschaft das Gewissen und den Blick für die, die weniger oder gar nichts haben. Sie appelliert an unser schlechtes Gewissen und an unsere Schuldgefühle. Viele Spenden, die da gegeben werden, werden zur Beruhigung des eigenen Gewissens gegeben. Dieses Gefühl kennt sicher jeder. Ich ertappe mich oft dabei, wenn wieder mal ein Spendenbrief ungeöffnet im Papierkorb landet, wie ich innerlich mit mir argumentiere und aufzähle, was und wie viel ich schon überall spende und helfe. Ich habe ein Spendenalibi, und das beruhigt ein bisschen das Gewissen – auch hier spürt man die Sehnsucht nach Entschuldung, nach Vergebung.

Dass wir alle als Teil einer industriellen Gesellschaft tagtäglich schuldig werden an der Schöpfung, dass wir mehr heizen, mehr Wasser und Strom verbrauchen und dass wir mehr Auto fahren, als wir wirklich müssten, dämmert so manchem Zeitgenossen in seinem Hinterstübchen. Die Wahlerfolge der Grünen in den letzten Jahrzehnten zum Beispiel, aber auch das enorme Spendenaufkommen bei Greenpeace lassen sich sicherlich zum Teil auf das schlechte Gewissen vieler Menschen zurückführen.

In Deutschland kommt noch das Gefühl einer historischen Schuld hinzu, die Tatsache, dass der zweite Weltkrieg von Nazi-Deutschland ausging und unsagbares Leid über millionen von Menschen brachte. Die Schuld am Tod von sechs Millionen Juden sitzt ganz tief in unserem »nationalen Bewusstsein«. Hinzu kommt die irrationale Erfahrung, dass zumindest die Bürger der alten Bundesländer letztendlich zu den Kriegsgewinnlern gehören – unterschwellig wissen wir, dass unser heutiger rasant angewachsener Wohlstand aus der Trümmerasche des zweiten Weltkriegs erwuchs. Umso beschämender ist die Tatsache, dass große deutsche Konzerne erst auf den Druck amerikanischer Gerichte hin bereit sind, Entschädigungsfonds für ehemalige Zwangsarbeiter einzurichten.

Bei all diesen Beispielen paart sich bezeichnenderweise die Sehnsucht nach Vergebung mit der unbedingten Sehnsucht nach Gestaltung. Wir wollen etwas tun, wir wollen unsere Schuld abarbeiten, sie aus eigener Kraft reduzieren und mit unserem eigenen Geld bezahlen (zum Beispiel durch die Errichtung eines Holocaust-Mahnmals in Berlin).

Die Sehnsucht im Gottesdienst

Manchmal beschweren sich Leute über Gottesdienste, in denen der Pfarrer in seiner Liturgie ständig die Unwürdigkeit des Menschen, vor Gott zu treten, Abendmahl zu feiern (Zum Beispiel durch die Formel: »Herr, ich bin nicht würdig, dass du eintrittst unter mein Dach, aber sprich nur ein Wort, so wird meine Seele gesund.«) oder überhaupt zu existieren, betont hätte. Sie sagen dann: »Ich fühle mich doch überhaupt nicht unwürdig – im Gegenteil; und ich habe auch keine Lust, mir an meinem einzigen freien Tag in der Woche als Erstes anzuhören, dass ich angeblich unwürdig sei.« Wenn ich kein kirchlicher Insider bin, wirkt auch eine Formel wie »durch meine Schuld, meine Schuld, meine übergroße Schuld« nur deprimierend; sie trägt dann nicht den Hauch von Befreiung mit sich.

Man kann diese Beschwerde daher gut nachvollziehen. Aber wenn wir die Grundsehnsucht des Menschen nach Vergebung und Versöhnung wirklich ernst nehmen wollen, dann müssen wir sie auch zur Sprache bringen. Das haben Menschen seit Jahrtausenden verstanden. Und sie haben Möglichkeiten geschaffen, Fehler zu bekennen. Formelhaft in den liturgischen Elementen »Confiteor« (Ich bekenne) und »Kyrie« (Herr, erbarme dich), ganz persönlich in der Beichte. Dabei spielt es gerade im Gottesdienst eine Rolle, dass der Mensch sein Schuldgeständnis nicht als Zwang, sondern als Befreiung erfahren muss. Es tut so unendlich gut, bei Gott alle seine Schwächen einmal aussprechen und dann auch ablegen zu können.

Aber natürlich ist der Schritt von der freiwilligen Offenheit zum zutiefst empfundenen Zwang sehr klein. Darum müssen wir behutsam an Menschen herantreten. Vergebung kann man nicht herbeireden, schon gar nicht, indem man von oben herab Menschen »niedermacht« oder ihnen sagt, dass sie Sünder und der Gnade Gottes unwürdige Menschen seien. Die Sehnsucht nach Vergebung ist stark, aber sie findet in unserer Zeit keinen Raum mehr. Die Frage Luthers: »Wie bekomme ich einen gnädigen Gott« ist für den heutigen Menschen keine brennende Frage mehr. Dabei wird aber die Hoffnung auf ein versöhntes Leben immer größer. Wir wollen endlich dieses undifferenzierte Gefühl der Unversöhntheit und der Hoffnungslosigkeit loswerden. Nur suggerieren die meisten geistlichen Strömungen dem Menschen, er müsse mit sich selbst, mit seiner Energie oder mit seinem Urgrund versöhnt werden. Es wird eine der großen Aufgaben des neuen Jahrtausends sein, den Menschen liebevoll zu vermitteln, dass ihr Gefühl der Unstimmigkeit die Sehnsucht nach Versöhnung mit Gott ist.

Darum wirkt es eher komisch und peinlich, wenn ein Geistlicher versucht, seinen oftmals recht selbstbewussten Gottesdienstbesuchern verbal zu verdeutlichen, dass sie eigentlich nicht würdig sind, vor das Angesicht Gottes zu treten. Außerdem stimmt es gar nicht: Gott erachtet uns sehr wohl als wert, ja das ganze Neue Testament ist geprägt von der Wertschätzung des Sünders. Die Gute Nachricht beinhaltet gerade, dass Gott, der Schöpfer des Universums, uns bedingungslos liebt und wertschätzt, obwohl wir so sind, wie wir sind.

Die Wiederentdeckung der Sehnsucht

Soll ein Gottesdienst die Sehnsucht nach Vergebung beantworten, so bedarf es einer Atmosphäre der Wertschätzung, des Vertrauens und der Gastfreundschaft, innerhalb derer wir miteinander ins Gespräch kommen und einander durchaus auch anvertrauen und zugeben können: »Es läuft beileibe nicht alles so, wie wir uns das wünschen. Wir sind gemeinsam auf dem Weg und dabei vergaloppieren wir uns und verlassen den guten Weg.« Wir sind alle Menschen, die bisweilen beschämt eingestehen müssten: »Wenn ihr wüsstet, wie ich manchmal wirklich sein kann, würdet ihr mich nicht so freundlich aufnehmen.« Obwohl Gott weiß, wie wir wirklich sind und sein können, nimmt er uns herzlich auf – das gilt es zu vermitteln.

1. Schaffen Sie Raum zum Gespräch. Etwa durch Gesprächsgruppen während des Gottesdienstes. Bei unseren Bistro-Gottesdiensten (siehe Anhang) sitzt die Gemeinde sogar an Tischen in einem kleinen Kreis. Die Menschen schauen sich an und kommen miteinander »zum Thema« ins Gespräch. Ich merke, ich bin nicht alleine, meine Fragen und Probleme berühren auch andere. Machen Sie dabei auch Mut, »Geständnisse« nicht als Schande, sondern als Chance aufzufassen. Nicht nur wir, alle profitieren davon, wenn wir ehrlich über unsere Erfahrungen reden. Nur sollten wir uns vor der billigen Gnade der Talkshows hüten. Unversöhntheit darf gerade nicht platt geredet werden.

2. Auch das Schuldbekenntnis könnte ganz neu entdeckt werden. Nicht als Zwang, sondern als Schritt zur Selbstannahme und Selbsterkenntnis: Formulieren wir doch einmal mit der Gemeinde gemeinsam ein Schuldbekenntnis. Wie müsste das aussehen? Was gehört da hinein? Wo haben wir Fehler gemacht? Als Gemeinde, als Einzelne, als Arbeitnehmer oder Arbeitgeber, als Ehepartner, als Eltern oder Freunde? Niemand ist draußen, auch der Pfarrer nicht. Lassen Sie doch einfach einmal solche Dinge auch aufschreiben und nachher anonym vorlesen. Sie werden merken, wie viel unverarbeitete und schmerzhafte Dinge die Menschen mit sich herumtragen.

3. Installieren Sie in Ihrer Kirche eine Klagemauer (etwa eine große Pinnwand aus Kork mit der Überschrift »Klagemauer«), die als ständiges Angebot in der Kirche hängt, und bauen Sie diese

Klagemauer hin und wieder auf – z.B. bei den Fürbitten oder beim Schuldbekenntnis (dazu kann man die Zettel zum Schutz der Privatsphäre verdeckt aufhängen und anschließend vernichten). Noch eindrucksvoller ist es, wenn Sie in diese Klagemauer ein Kreuz aus Kork einarbeiten, sodass die Gottesdienstbesucher ihre Anliegen und Nöte wirklich »ans Kreuz heften« können.

4. Kreieren Sie neue Vergebungsrituale, etwa mit Hilfe einer »Feuerschale«: Die Gottesdienstbesucher schreiben ihre empfundene und erkannte Schuld auf ein Blatt Papier, falten es zusammen und tragen diesen Zettel, im Rahmen einer liturgischen Prozession, vor zum Altar, wo die Blätter in einer großen Schüssel gleich verbrannt werden. Manchmal tut es aber den »Büßern« sogar gut, wenn Ihre Bekenntnisse noch einmal vor dem Verbrennen verlesen werden.

5. Ähnlich funktioniert das Ritual »Steine ablegen«: Zu Beginn des Gottesdienstes erhält jede und jeder einen etwa gleich großen Stein. Im Rahmen eines neu zu formulierenden Schuldbekenntnisses definieren die Gottesdienstbesucher diesen Stein als die Schuld, die jeder mit sich trägt, und übertragen sie auf diesen Stein, lassen ihn »schwer« werden (zum Beispiel anhand der Geschichte Jesus und die Ehebrecherin – wer ohne Schuld ist, der werfe den ersten Stein). Dann legt die Gemeinde ihre Steine unter dem Kreuz ab. Ein dazu entwickeltes Schuldbekenntnis könnte etwa so aussehen:

Es gibt Dinge, die mich belasten.
Ich habe Fehler gemacht, habe anderen Kummer
bereitet,
habe mich falsch verhalten und andere schlecht
gemacht.

Wie ein schwerer Stein lastet diese Schuld auf mir.
Ich würde ihn gerne loswerden, diesen Stein,
ihn am liebsten wegwerfen und wieder kräftig durch-
atmen,
doch er liegt mir auf der Seele, und ich weiß nicht,
wohin damit.

Jesus sagt: Wer ohne Schuld ist, werfe den ersten Stein.
Und so bleibt der Stein zunächst bei mir.
Ich spüre den Stein, sein Gewicht wird schwerer
von Minute zu Minute.

Jesus sagt: Kommt her zu mir, die ihr mühselig
und beladen seid – ich will euch erfrischen.
Ich trage meinen Stein zu ihm, ans Kreuz
und lege ihn ab.
»Herr, schenke mir den Mut und die Kraft,
auf die zuzugehn, die ich vernachlässigt oder
verletzt habe.« Amen

6. Nehmen Sie die Sehnsucht nach Vergebung gerade auch in der Predigt ernst. Als der Kabarettist Hanns Dieter Hüsch einmal gefragt wurde, welche Botschaft er einer Gemeinde in einer Predigt vermitteln würde, antwortete er: »Ich würde als Erstes einmal sagen: ›Liebe Schwestern und Brüder ihr habt es nicht leicht, ständig steht ihr unter Druck, ständig müsst ihr bangen und doch seid ihr vielleicht in diese Kirche ›geflohen‹ – hier sollt ihr aufatmen ...‹« Überlegen Sie einmal, wie wir mit unseren Predigten oftmals die Menschen noch mehr unter Druck setzen, als sie ohnehin schon sind.

Verschaffen Sie Erleichterung, verbreiten Sie Heiterkeit und Annahme. Erklären Sie Begriffe wie »Schuld«, »Sünde« etc. und predigen Sie liebevoll (siehe 1 Korinther 13) und beziehen Sie sich selbst mit Beispielen ein.

7. Schaffen Sie eine offene, einladende Kirche – einen Raum der Stille. Viele katholische Kirchen sind es ohnehin: offen. Sodass man dort jederzeit Ruhe und einen Raum zum Gebet und zur Auseinandersetzung mit seinen Fehlern finden kann. Bei den evangelischen sieht es da schon ganz anders aus. Wenn Sie schon eine Klagemauer installiert haben, wenn es einen kleinen Nebenaltar gibt, mit der Möglichkeit, Kerzen anzuzünden und der eigenen Schuld zu gedenken, dann sollte die Kirche unbedingt auch tagsüber geöffnet sein. Es gibt in unserer Gesellschaft sonst keinen Raum mehr, in dem die Menschen in die Stille und Gegenwart des liebenden und vergebenden Gottes eintauchen können

8. Zur offenen Kirche gehört auch die Möglichkeit der Beichte. Hier können die Evangelischen eine Menge von ihren katholischen Schwestern und Brüdern lernen. Die Einzelbeichte (durchaus in einem anonymen Beichtstuhl) könnte gerade auch in Großstädten einen regelrechten Boom erleben, wenn wir sie richtig propagierten. Der Beichtstuhl als Möglichkeit, das, was mich bedrängt laut, in Gegenwart eines anderen und dennoch anonym auszusprechen, könnte wieder an Popularität gewinnen. Aber auch innigere Seelsorgeverhältnisse müssen wieder entdeckt werden. Von den Kirchen haben sich in den letzten Jahrzehnten unendlich viele Hilfesuchende der Psychoanalyse zugewendet. Viele sicher zu Recht, denn nur wenige Priester und Pfarrer können mit echten Krankheitsbildern umgehen. Viele aber auch nur, weil wir als Kirche kein unvorbelastetes Angebot hatten.

9. Auch bei der Eucharistie, dem Abendmahl, geht es ganz zentral um Versöhnung und um Vergebung meiner Schuld. Ich darf Platz nehmen am Tisch des Herrn, ich bin würdig, mit anderen Brot und Wein zu teilen, weil ich hineingestellt bin in den Freiraum der Vergebung, in den Freiraum des liebenden Vaters. Das gilt es zu vermitteln. Gestalten Sie die Eucharistie als ein wohl tuendes, befreiendes und festliches Ereignis, bei dem wir endlich einmal sehen, spüren und schmecken dürfen, »wie freundlich der Herr ist«. Allzu oft ist das Abendmahl eine viel zu steife und muffig anmutende Zeremonie. Ersetzen Sie die Oblaten durch gutes Weißbrot, laden Sie ein zu Kleingruppen (bei Bistro-Gottesdiensten gar kein Problem, aber auch »in den Bänken« ist es möglich). Machen Sie die Eucharistie transparenter und verdeutlichen Sie das Vergebungsgeschehen (etwa die zentrale Bedeutung des Gesangs: »Christe, du Lamm Gottes, der du trägst die Sünd' der Welt« – Wie kann das geschehen, was bedeutet das für den und die Einzelne?).

10. Entwickeln Sie den Friedensgruß weiter: Im Rahmen eines zugewandten, kommunikativen Gottesdienstes hat auch der persönliche Friedensgruß einen besonders wichtigen Platz – und zwar nicht nur nach links und rechts. Lassen Sie sich Zeit, wandeln Sie durch den Raum und wenn Sie jemanden treffen, mit dem noch etwas zu klären ist, dann gehen Sie auf ihn zu und verabreden Sie sich. Bisweilen sind ja in Gemeinden einzelne Menschen oder ganze Gruppierungen völlig zerstritten. Sie haben hier die Chance, den Gottesdienst ernst zu nehmen und Frieden zu schaffen. (Das könnte bei der Einladung zum Friedensgruß ruhig so formuliert werden.) Der Friedensgruß ist eine große Chance, sich gegenseitig den Frieden zuzusprechen und Versöhnungsprozesse einzuleiten.

Wahrheit

Die Sehnsucht

Geht oder fährt jemand an einem Samstagnachmittag durch eine deutsche Kleinstadt, dann freut er sich oft über den Erhalt von Tradition und Kontinuität in unserer schnelllebigen Zeit: Der Mensch, den er sieht, kehrt die Straße, er schneidet seine Hecke akkurat, und er wienert seinen zweieinhalb Jahre alten »Fastneuwagen« auf Hochglanz. Wie es hinter dieser Fassade aussieht, geht niemanden etwas an. Wir alle sind mehr oder weniger große Täuschungskünstler, von Kindesbeinen an darauf getrimmt, uns selbst und anderen etwas vorzumachen. Ganze Industriezweige haben sich darauf spezialisiert, uns bei dieser Übung zu unterstützen: »Schmier dir ›Öl von Olaf‹ ins Gesicht, und du bleibst jung«. Oder noch verlogener: »Ich will so bleiben, wie ich bin« – wer sagt das eigentlich? Das sagt doch jene gertenschlanke junge Dame, die in bester Rama-Morgen-Stimmung über den Bildschirm hüpft und dabei eben jenes Liedlein summt: »Ich will so bleiben, wie ich bin.« Fakt ist jedoch: Millionen von Menschen, die da mitsummen, sehen weder so gut aus noch sind sie so prächtig gelaunt. Und wenn die singen: »Ich will so bleiben, wie ich bin«, dann meinen sie eigentlich: »Ich will so werden, wie die ist.« Genau das aber verspricht die Werbung NICHT. Sie sagt: »Du bleibst so, wie du bist: Übergewichtig und übel gelaunt.« Eigentlich sollte das Produkt nicht »du darfst«, sondern »du musst!« heißen.

Nirgendwo werden wir so belogen und über den Tisch gezogen wie bei der Werbung. Untersuchungen haben ergeben, dass den normalen Konsumenten täglich etwa 1.200 Werbeimpulse erreichen, 1.200 gut gemachte, schnelle Bilder, die zum Teil direkt auf unser Unterbewusstsein wirken. Botschaften, die uns etwas vormachen, die uns täuschen und den Eindruck vermitteln, wir würden Freiheit, Abenteuer, Glück und Gesundheit erwerben, wenn wir nur das oder jenes Produkt kaufen, überwiegen, und wir wissen oder ahnen zumindest, dass unsere Unzufriedenheit nicht mit einem Waschmittel wegzubekommen ist und es zum Glück mehr braucht als einen Orangensaft oder einen Vertrag mit Premiere. Hinzu kommt die Erfahrung, dass auch vielem von dem, was Menschen, Politiker, Funktionäre öffentlich von sich geben, nur bedingt Vertrauen zu schenken ist: Die viel zitierte »Politikverdrossenheit« in unserem Land hängt sicher auch mit dem Vertrauensverlust in unsere Funktionäre zusammen.

In dieser Welt von Scheinwahrheiten und Täuschungsmanövern sehnt sich jeder nach Wahrheit, nach Botschaften und Aussagen, die gelten; man sehnt sich nach echter Begegnung und authentischer Vermittlung letztgültiger Aussagen.

Wo und wie erleben wir diese Sehnsucht im Alltag?

Da sitzt ein Mann im Feinripp-Unterhemd auf dem Sofa. In der linken Hand hält er die Fernbedienung, in der rechten Hand eine Flasche Bier. Und er sinniert: »Nun war ich in der Männergruppe, dann war ich in der Selbsterfahrungsgruppe – aber richtig zu mit selber gefunden habe ich erst in dieser Sitzgruppe.« Es zählt zu den Grunderfahrungen unserer Zeit, dass es die Wahrheit scheinbar nicht gibt. Jedes

Ding, jede Frage, jedes Problem hat mindestens zwei, meist jedoch sehr viel mehr Seiten. Unsere Welt scheint immer komplexer zu werden und in immer kürzeren Intervallen verdoppelt sich die Datenmenge der weltweit verfügbaren Informationen. Kein Wunder also, dass viele Zeitgenossen die Sehnsucht nach Wahrheit tief in ihrem Herzen vergraben haben und sich mehr oder weniger unbewusst in »einfache Wahrheiten«, wie sie Boulevard-Zeitungen liefern, oder in schlicht gestrickte Unterhaltungsprogramme flüchten, die in sehr klaren Strukturen so tun, als würden Sie Wahrheit und echte Information vermitteln. Daher kommt natürlich auch der Zulauf zu einfachen religiösen Antworten.

Immer mehr suchen Menschen nach Beziehungen, in denen sie wirklich ehrlich sein können. Das, was einseitig über Jahrhunderte in der Beichte praktiziert wurde – das Herstellen eines geschützten und entlastenden Raumes – ist heute zu einer der bedeutendsten, aber auch der schwierigsten Sehnsüchte geworden. Wir suchen nach Menschen, denen wir nichts vormachen müssen. »Freunde sind Gottes Entschuldigung für Verwandte«, wie ein wunderschönes irisches Sprichwort sagt. Die Worte »Freund« oder »Freundeskreis« sind für viele Menschen daher ganz wichtige Schlüsselbegriffe. Der Freundeskreis soll das Forum sein, innerhalb dessen »ungeschützt« Wahrheit kommuniziert werden kann. Man wünscht sich einen Freund als wahrhaftiges Gegenüber, das mir auch einmal richtig, die Meinung sagt und bei dem ich auch bereit bin, diese Meinung zu hören. Dazu ein Liedtext:

Freunde

Freunde sind selten und selten bequem,
sind manchmal kantig und unangenehm,
woll'n nicht gefallen, sondern zu dir gehör'n,
steh'n auf der Matte, auch wenn sie grad stör'n.

Freunde sind leise, schauen dir zu,
lassen dich weise, wenn nötig, in Ruh',
haben nicht nur sich selber im Blick,
lassen dir Zeit und ziehn sich zurück.

Freunde sind ehrlich und locken dich 'raus,
werden gefährlich dem Kartenhaus,
lassen die Spiele dir nicht durchgehn –
es gibt nicht viele, die so zu dir stehn.

Freunde zu finden, ist ziemlich schwer,
denn wer lässt sich binden und gibt von sich mehr,
als ein »Hallo« und ein wenig Zeit,
wer ist schon zum Geben und Lieben bereit.

Freunde sind selten und selten bequem,
sind manchmal kantig und unangenehm,
woll'n nicht gefallen, sondern zu dir gehör'n,
steh'n auf der Matte, auch wenn sie grad stör'n.

Text: Clemens Bittlinger, Album »Selten«, Pila Verlag.

Ungeachtet des eingangs erwähnten Mannes im Feinripp-Unterhemd, erlebt unsere Gesellschaft derzeit einen geradezu explosiven Psychoboom. Nach dem Motto: »Wenn ich schon nicht der Wahrheit an sich nahe kommen kann, so will ich doch zumindest meiner *persönlichen* Wahrheit auf die Spur kommen.« Psychotherapeutische Praxen, Selbsterfahrungs-, Männer- und Frauengruppen haben Hochkonjunktur: Der Therapeut wird vielfach zum Freundesersatz, dem ich alles, aber auch wirklich alles anvertrauen kann, und der mir, gewissermaßen als persönlicher Pfadfinder, auf den Spuren meiner Vergangenheit helfen kann, zu den Wurzeln der eigenen Wahrheit vorzudringen. Die Selbsterfahrungsgruppe wird zum »Freundeskreisersatz«, zur Gemeinschaft, die gemeinsam aufbricht, um Wahrheiten zu finden und zu entdecken. Gerade im kirchlichen Bereich haben diese Selbsterfahrungsgruppen in den letzten Jahren einen (für kirchliche Verhältnisse) beachtlichen Zulauf.

Auch die ungebrochen starke Esoterikwelle ist ein klares Signal für die Sehnsucht nach Wahrheit: Der Mensch sehnt sich nach tieferen Gründen für seine Existenz und nach Verständnismustern für die Wirklichkeit. Dass es vieles zwischen Himmel und Erde gibt, was wir nicht verstehen können, ist eine Binsenweisheit. Doch wir suchen auch nach Erklärungen für das scheinbar nicht Erklärbare. So wie auch viele nach Heilung bei schulmedizinisch als unheilbar erklärten Krankheiten suchen. Der gesamte Bereich der so genannten »sanften Medizin« hat gerade in den letzten Jahren eine enorme Reputation erhalten. Die Erfahrung der klassischen Schulmedizin, dass ich eben nicht jeden Erreger mit Antibiotika »niederknüppeln« darf, weil sonst die Erreger resistent werden, hat innerhalb der Medizin eine neue Nachdenklichkeit über »medizinische Wahrheiten« ausgelöst. Fernöstliche Heilverfahren und Lehren gelten heute für viele Menschen als Schlüssel zu den tieferen Wahrheiten unserer Existenz. Manche dieser Übungen und Lehren waren ursprünglich in unseren Gottesdiensten angelegt.

Die Sehnsucht im Gottesdienst

Dass Gott selbst als die Wahrheit und die Weisheit bezeichnet wird, macht deutlich, wie sehr Menschen darauf vertrauen, dass in seiner Gegenwart absolute Zuverlässigkeit herrscht. Wenn wir Gottesdienst feiern, dann gehen wir fest davon aus, dass die Bibel wahr und Gottes Wort gültig ist. Alles andere würde den Glauben bis auf den Grund erschüttern.

Um uns der Nähe Gottes zu versichern, sprechen wir uns immer wieder den Segen zu und bitten um seine Gegenwart. Gleichzeitig erinnern wir uns im Psalm, in den Lesungen und in der Anamnese daran, dass Gott in der Geschichte die Seinen immer bewahrend begleitet hat. Ja, diese Elemente bekommen fast den Charakter von Beweisen: Weil der Herr das Volk befreit hat, weil er der gute Hirte ist, weil er in Jesus Christus auf die Welt gekommen ist, kann sein Handeln an uns Menschen nur recht und wahr sein. Aber unsere Sehnsucht nach Wahrheit wird noch deutlicher manifestiert: Wir sprechen gemeinsam das Glaubensbekenntnis, um uns zu vergewissern, was und wer eigentlich Anfang und Ende unserer Existenz darstellt – nämlich der dreieinige Gott. Wir sprechen vor Gott, vor der Gemeinschaft, vor allem aber vor uns selbst aus, was wir für wahr halten.

Die Predigt hat die Aufgabe, uns diese Wahrheit, nach der wir uns sehnen, nahe zu bringen, zu erklären und umsetzbar zu machen. Und weil es dabei immer um letztgültige Aussagen geht, beenden wir die meisten dieser Elemente mit einem kräftigen »Amen – So sei es«, das, was eben gesagt wurde, ist wahr.

Die Wiederentdeckung der Sehnsucht

Leider wurde Wahrheit allzu oft mit Dogmatik, Starrheit und theologischer Festlegung gleichgesetzt, sodass die Lebendigkeit der Wahrheit, die ja jeder Mensch in seinem Leben individuell umsetzen muss, verschüttet wurde. Eine Herausforderung des neuen Jahrtausends wird sein, den am Glauben Interessierten zu zeigen, dass Wahrheit nicht einfach ein bestimmter logischer Satz ist, sondern dass sie erfahren werden kann, weil sie sich als richtig für den Menschen herausstellt. Da, wo ein Gottesdienstbesucher erkennt und spürt, dass die Nähe Gottes sein Leben wahr macht, da erkennt er auch, was Wahrheit ist.

94

1. Nutzen Sie bewusst die Stille einer Kirche: Gerade angesichts der eingangs erwähnten Werbe- und Informationsflut brauchen wir Inseln der Stille, innerhalb derer wir auch Raum für die Stimme Gottes in unserem Leben schaffen können. Die Kirche könnte solch ein Ort sein, in dem ich die Möglichkeit zur Stille habe und erlebe. Wie gut, wenn ich im Gottesdienst ganz bewusst Stille einübe. Sprechen Sie dazu unsere Sehnsucht an und laden Sie die Menschen ein, einmal »Ihre Wahrheit« zu durchdenken (vielleicht auch aufzuschreiben) und dabei einmal vor sich selber zu überlegen, wo Zweifel, Unsicherheiten und offene Fragen sind. Natürlich kann die Stille auch hilflos machen. Es ist daher besonders wichtig, nach einer Ruhezeit die Fragen auch aufzufangen.

2. Unmittelbar zur Stille könnte eine Meditation oder eine Gedankenreise kommen, die mich an meinen persönlichen Ort der Stille und Wahrheit führen will. Auch hierzu einen Liedtext:

Langsam durch die schnelle Zeit
zieht der Geist der Ewigkeit,
schaut sich die Termine an,
fragt mich: Sag, wann lebst du, wann?

Wann hast du mal Zeit zu sehen,
was um dich herum geschieht.
Zeit auch Dinge zu verstehen, die das Auge übersieht?
Abgehakt und abgelegt wie Terminkalender
schmeißt du deine Jahre fort, ohne was zu ändern.

Wann nimmst du dir Zeit zu lauschen – in die Stille,
wie sie klingt?
Hörst du noch die Wellen rauschen, in der Muschel,
wenn sie singt?

Du kannst lernen zu verstehen, wo ein Mund den Dienst versagt.
Mit dem Herzen hinzusehen, lernt, wer so zu hören wagt.

Wann nimmst du dir Zeit zu leben, durchzuatmen –
ein und aus?
Hast du dich schon aufgegeben?
Wie seh'n deine Träume aus?
Stemm die Füße in den Sand. Spür den Boden, der dich hält –
Teil der großen starken Hand, Teil des Schöpfers dieser Welt.

Langsam durch die schnelle Zeit
zieht der Geist der Ewigkeit,
schaut sich die Termine an,
fragt mich: Sag, wann lebst du, wann?

Text und Musik: Clemens Bittlinger, »Mensch sing mit II«, Pila Verlag

Dieses Lied oder einen ähnlich nachdenklichen Text könnte man als Meditation vorlesen oder mit der Gemeinde singen und sie gewissermaßen anleiten, sich ganzheitlich bewusst zu werden und zur Ruhe zu kommen. Man könnte die jeweiligen Verse mit bestimmten Übungen verbinden (z.B. Vers 3, 1. Zeile: Atemübung: ein und aus). In dem Sprichwort »Die Stille ist die Mutter der Wahrheit« steckt viel Weisheit.

3. Das kontinuierliche Engagement für Randgruppen und Ei-ne-Welt-Themen thematisiert das unterschwellige Wissen jedes Menschen in der reichen, westlichen Welt, dass unser Wohlstand zumindest z.T. auf Kosten der armen Länder geht. Wahrheit hat aber immer auch mit Gerechtigkeit zu tun. Erinnern wir uns ruhig regelmäßig an die unbequemen Wahrheiten in unserem Ort (z.B. die Aufarbeitung der NS-Vergangenheit, die aktuellen Probleme des Ortes oder die Firmenpolitik unseres Arbeitgebers), in unserer Gesellschaft (z.B. Umweltschutz, Kluft zwischen Arm und Reich) und in unserer Welt (z.B. Klimakatastrophe, Ausbeutung bzw. Entschuldung der armen Länder). Zur Wahrheit gehört dann nach der Information und Erkenntnis auch das Engagement. Starten Sie unter Berücksichtigung der anderen Sehnsüchte bewusst Hilfsprojekte und Solidaritätsaktionen.

4. Die Predigt sollte:
a. immer und in jedem Fall der Wahrheit dienen. Geben Sie Ihrer Gemeinde ruhig häufiger richtig gute Kopf-Nahrung. Wir möchten Sie ausdrücklich zur Theologie ermutigen. Treiben Sie als Pfarrerin, als Priester, als Prediger viel Theologie. Lassen Sie sich auch selbst in Frage stellen und gestehen Sie die Grenzen Ihrer Erkenntnis ein. Wir benötigen Prediger, die authentisch sind, nicht scheinbare Glaubenshelden, die behaupten, den Schlüssel zur Weisheit gefunden zu haben. Wir brauchen tiefe und elementare Aussagen und Predigten, in denen nicht »rumgelabert« und zum zwanzigsten mal das Lieblingsthema des Redners behandelt wird. Wir brauchen Predigten, die die Wahrheiten der jeweiligen Gemeindeglieder kennen und ernst nehmen.

b. Wir brauchen den Mut, offen, kompetent und gläubig von den Dingen zu reden, über die alle anderen in unserer Gesellschaft nichts zu sagen vermögen. Die so genannte »Rede von den letzten Dingen« (Tod, ewiges Lebens, Wiederkunft Christi) sollten wir überzeugend und einzigartig vertreten und besetzen.

c. Das Gehirn sollten wir als eine wunderbare Gabe Gottes ansehen und den Glauben als ein Geschenk, bei dem ich diese Gabe nicht beiseite legen muss, sondern innerhalb dessen das Gehirn seine Erweiterung und Erfüllung erfährt. Nutzen Sie dazu auch die Erkenntnisse anderer Wissenschaften. Glaube steht doch nicht von vornherein im

Widerspruch zur Soziologie, zur Psychologie, zu den Naturwissenschaften oder zur Kunst.

d. Legen Sie einen Schwerpunkt auf die Theologie von der Freundschaft Gottes: Gott möchte unser Freund sein, ein Freund, der uns von Grund auf kennt und trotz der Kenntnis »unserer Wahrheit« zu uns hält und uns begleitet. Gott ist die freundschaftliche Instanz, der ich nichts vormachen kann und deshalb auch nichts vormachen muss, sodass es absurd wäre, bei ihm Wahrheit nicht zu wagen.

5. Zeigen Sie, wo die Wahrheit Gottes im Leben von Menschen sichtbar geworden ist. Die katholische Kirche tut dies seit Jahrtausenden, wenn sie Heiligen-Legenden erzählt. Aber auch hier könnten aktuellere, verständlichere Beispiele nicht schaden. Vorbilder aus der jüngeren Geschichte gibt es genug: Glaubenszeugen wie Dietrich Bonhoeffer, Edith Stein oder Martin Luther King führen uns anschaulich sehr nah heran an das, was der Glaube bewirken kann und wie sich Zusagen und Glaubensvisionen bewahrheiten. Die wach gehaltene Erinnerung an die Wende in der DDR, die so genannte Revolution der Kerzen (Stasimitarbeiter haben damals gesagt: »Mit allem haben wir gerechnet, auf alles waren wir vorbereitet, nur nicht auf Kerzen und Gebete«) zeigt historisch: »Alle Dinge sind möglich, dem, der glaubt.«

6. Entdecken Sie das Glaubenszeugnis als persönlich erlebte Bewahrheitung des Evangeliums. Zwischen der Sehnsucht nach Wahrheit und der Sehnsucht nach Glauben könnten das aktuelle wie auch das historische Glaubenszeugnis eine entscheidende Rolle spielen. Mündige Gemeindeglieder lernen über ihren Glauben zu sprechen, lernen mitzuteilen, wie sie Inhalte ihres Glaubens, Verheißung und Zusagen real erlebt haben. Warum laden Sie Gemeindemitglieder nicht einmal ein, ihre Glaubenswahrheiten aufzuschreiben, ein ganz persönliches Glaubensbekenntnis zu verfassen. Wenn Sie ein Jahr lang jeden Sonntag eines davon in die Liturgie integrieren, werden Sie nicht nur eine fantastische persönliche Atmosphäre in ihre Gottesdienste bekommen, Sie werden auch neu erleben, wie vielfältig, bunt und großartig das Leben mit Gott ist.

7. Humor: Wer über sich selbst lachen kann, vermittelt zumindest eine gewisse Sicherheit und Gelassenheit. Niemand hat immer und in allem Recht. Wir haben nur allzu selten Mut, das in der Kirche auszudrücken. Es gehört aber zur Wahrheit, dass ich mitunter meiner Hilf- und Ratlosigkeit Ausdruck verleihe und das kann ich mit einem guten Schuss Humor enorm auflockern. Suchen Sie Wege, die von der Verklemmtheit und dem Klammern an, meist missverstandenen, Glaubensgrundsätzen zu lebendigen Erfahrungen mit der Wahrheit Gottes führen.

8. Lassen Sie viele Wahrheiten in der Gemeinde gelten. Stoppen Sie Andersdenkende nicht, sondern fördern Sie sie. Absolutismus führt nur zur Ausgrenzung, nie zum Heil. Haben Sie als Prediger, als Mitarbeiter oder als engagiertes Gemeindemitglied die Courage, Ihre Texte, Konzepte und Ideen vorher regelmäßig mit anderen zu besprechen. Es lohnt sich besonders, einmal einen Kirchendistanzierten einen Blick auf unsere Vorhaben werfen zu lassen, weil wir dann regelmäßig entdecken, welche Fachsprache wir uns angewöhnt haben und wie schnell wir an den Menschen vorbeireden.

9. Scheuen Sie sich nicht, auch unangenehme Wahrheiten auszusprechen. In unseren Kirchen herrscht meist ein ungeheures Harmoniebedürfnis, hinter dessen samtweicher Heuchelei es umso schlimmer tobt. Jesus hat Menschen sehr deutlich gesagt, dass seine Botschaften nicht eine kleine Freizeitunterhaltung, sondern lebensrelevante und für ein gelungenes Dasein unverzichtbare Gedanken Gottes sind. Und wenn etwa jemand glaubt, er habe das alleinige Recht, den Musikstil zu bestimmen oder den Charakter des Sonntags zu beurteilen, Kinder im Gottesdienst seien aus Prinzip störend, das Evangelium und damit der Pfarrer habe für ihn allein da zu sein und das Alltagsleben könne doch getrost vom sonntäglichen Glauben abgekoppelt werden, dann wird es Zeit darauf hinzuweisen, dass wir aus der Gemeinde nicht einen Kuschelclub machen wollen, in dem jeder nur Ansprüche stellt, sondern dass der Segen Gottes ganz andere Dimensionen hat.

10. Trauen Sie der Wahrheit Gottes genügend zu. Meist erwarten wir kaum noch etwas von Gott und wundern uns dann, dass wir ihn nicht erleben. Wer Gott aber nicht erwartet, der wird ihn auch nicht erkennen. Wagen Sie bewusst, auch Heilunsgebete und Segnungen zu sprechen und erkennen Sie, dass Wahrheit viel mit Vertrauen zu tun hat. Wir neigen dazu, fundamentale Aussagen der Bibel symbolisch zu verstehen, während wir andere wortwörtlich zu Dogmen erklären. Oder warum glauben wir so selten an Sätze wie diese: »Glaube kann Berge versetzen« oder »Nichts ist unmöglich dem, der glaubt.«

Hingabe

Die Sehnsucht

Tief in uns wissen wir, dass wir nicht allein in uns selber den Sinn des Lebens finden können. Das, was wir in der Kirche mit Anbetung bezeichnen, ist säkular betrachtet die Hingabe. Denn wir sehnen uns nach Idealen, nach Träumen und Menschen, die wir bewundern, anhimmeln und verehren können. Die Identifikation mit einem Star lässt uns scheinbar größer werden und bringt ein wenig Glanz in die Hütte unseres normalen Alltagtrotts. Indem ich mich mit einem Star verbinde oder identifiziere, habe ich ein wenig Teil an seiner Welt, ich bin ein wenig mit für seinen Erfolg und sein außergewöhnliches Leben verantwortlich. Vor einigen Jahren wurde in der Zeitschrift »Evangelische Kommentare« (6/95) ein Konzert, der vor allem in den 90er-Jahren sehr erfolgreichen Popband PUR unter liturgischen Gesichtspunkten analysiert und dabei festgestellt, dass das Moment der Anbetung und der Salutatio (gegenseitige Begrüßung) die Atmosphäre des mit 10.000 Besuchern ausverkauften Konzertes vorrangig prägte. Das euphorische Publikum lag dem Sänger der Band zu Füßen, die Leute tauchten ein in die Atmosphäre, die diese Band verbreitete, und sangen bei fast allen Liedern z.T. mit erhobenen Armen lauthals mit. Der Sänger wiederum ging vor seinem Publikum regelrecht auf die Knie und bedankte sich mit ausgebreiteten Armen, geradeso als wollte er die Tausenden umarmen.

Als der Sänger Guildo Horn seine geschickt angelegte Kampagne um die deutsche Teilnahme am Grand Prix de Eurovision 1998 vorantrieb, nutzten er und seine Berater vor allem die Sehnsucht nach Hingebung z.T. so offen aus (»Guildo hat euch lieb«, das Ansprechen des Künstlers mit »Meister«, das Verteilen von Nussecken, quasi als »Abendmahl« und vieles mehr), dass es schon wieder komisch war, wie gut das Phänomen Guildo Horn tatsächlich bis zu einem gewissen Punkt funktionierte. Es war geschmacklos und beeindruckend zugleich.

Es ist bekannt, dass sich Jugendliche, vor allem in der Pubertät, Identifikationsfiguren suchen – Vorbilder, die ihnen zeigen, wie man's macht – wie man (wir gehen jetzt einmal von Jungs aus) bei den Mädchen »ankommt«, wie man möglichst »cool« ist, wie man sich möglichst trendy anzieht etc. Ab einem gewissen Punkt beten wir, in der Pubertät, unsere Idole an. Wir lassen nichts Schlechtes auf sie kommen, schreiben Briefe, verpassen keinen Film und sammeln vielleicht Poster und Autogrammkarten. Das alles hängt zusammen mit dem Wunsch nach Orientierung und einem klaren Halt im Leben.

Wo und wie erleben wir diese Sehnsucht im Alltag?

Wie schon oben beschrieben, läuft ein großer Teil der Hingabe, der »säkularen Anbetung«, über die Identifikation mit einem Star. Wenn wir uns bewusst machen, dass Anbetung immer auch mit »Vergötterung« zu tun hat, entdecken wir sehr schnell, wie perfekt die Werbung und die Stimmungsjournaille gewisse Trends vorantreibt, die uns in die »Anbetung« führen sollen, in die Vergötterung des Körpers, der Jugend, des Autos, des Eigenheims etc.

»Californian Dream-Men«: Unter diesem Titel vermarkteten Mitte der 90er-Jahre clevere Tourneeveranstalter die auf Venice Beach (Los Angeles, Californien) übliche Zurschaustellung athletischer, sonnengebräunter, männlicher Körper. Bleibt die »Anbetung« des jugendlichen und athletischen Körpers bei der Werbung oft noch im Hintergrund, so trat sie bei diesen Shows ganz offen und euphorisch zu Tage. Die Veranstaltungen waren jeweils binnen weniger Tage ausverkauft. Frauen waren begierig, endlich einmal live jene wunderbaren Körper zu sehen, die ihnen die Werbung (Kosmetik, Duschgel, Unterwäsche etc.) Tag für Tag vor die Nase hielt und die ihnen Nacht für Nacht von ihren mehr oder weniger bebauchten Ehemännern schnöde vorenthalten wurden. War es dann endlich so weit, dann bedurfte es eines geschickten Sicherheitskonzeptes, die »tobenden Frauen« so von der Bühne fern zu halten, dass sie den Jungs nicht an die spärlich vorhandene Wäsche gingen. Spätestens hier wird deutlich, dass anbetende Hingabe auch etwas mit Erotik zu tun hat (und umgekehrt).

Ein Pfarrer beschwerte sich einmal in einem Gespräch darüber, dass sein Nachbar am heiligen Sonntagmorgen regelmäßig und demonstrativ seinen Wagen vor die Garage fahre und diesen bei laufendem Radio ausgiebig und genüsslich wasche und poliere. »Was willst du?«, fragte sein Gesprächspartner: »Dieser Mann feiert eindeutig Gottesdienst. Er vergöttert sein Auto, und er widmet sich seinem Götzen mit einer Hingabe, von der sich so mancher Gottesdienstbesucher ruhig eine Scheibe abschneiden könnte.« Betrachten und analysieren Sie mal die Werbetexte und -broschüren für die Autos ab der gehobenen Mittelklasse – Sie werden Anbetungs- und Lobpreistexte en masse finden.

Rainer Maria Rilke hat einmal sehr schön beschrieben, wie Hingabe, Ehrfurcht und Erhabenheit zusammenhängen:

Du bist so groß, dass ich schon nicht mehr bin,
wenn ich mich nur in deine Nähe stelle.
Du bist so dunkel; meine kleine Helle
an deinem Saum hat keinen Sinn.
Dein Wille geht wie eine Welle,
und jeder Tag ertrinkt darin.

Ich finde dich in allen diesen Dingen,
denen ich gut und wie ein Bruder bin.
Als Samen sonnst du dich in den geringen,
und in den großen gibst du groß dich hin.

Nur meine Sehnsucht ragt dir bis ans Kinn
und steht vor dir wie aller Engel größter:
ein fremder, bleicher und noch unerlöster,
und hält dir seine Flügel hin.

Aus: »Gesammelte Gedichte«, Frankfurt; vertont auf: Duo Camillo
»Hiersein ist herrlich!«, Verlag Projektion J

Die Sehnsucht im Gottesdienst

Die Urgemeinde kam zusammen, weil die Menschen in Jesus Christus den Messias erkannt hatten, der es ihnen ermöglichte, diesen oft so fern scheinenden Gott unmittelbar anzubeten. Darum gehören Loblieder (Gloria), aber auch die preisende Erinnerung in der Präfation, dem großen Dankgebet vor dem Abendmahl, und im Sanctus schon sehr früh zur Liturgie. Ein Gottesdienst ohne Anbetung ist eigentlich nicht denkbar, denn dem herrlichen Schöpfer kann man nicht anders entgegentreten als anbetend. Leider haben allzu einseitige, theologische Strömungen dazu geführt, dass in den letzten Jahren die Angst vor gelebter Anbetung eher gewachsen als geschrumpft ist. Auch hier zeigt sich wieder, wie verhängnisvoll ein Denken in For-

106

men sein kann. Das Lob Gottes hat nichts mit bestimmten Elementen, sondern mit einer inneren Einstellung zu tun. Eine Gemeinde, die nicht als Gemeinschaft bewusst und aus vollem Herzen anbetend vor Gott tritt, braucht sich nicht zu wundern, wenn ihre sonntäglichen Treffen kalt und gefühllos bleiben. Letztlich geht es nämlich bei der Renaissance der Anbetung auch um eine Wiederentdeckung der Gefühle.

Die Wiederentdeckung der Sehnsucht

»Anbetung hat viel mit Erotik zu tun.« Diesen für den Gottesdienst zunächst merkwürdigen, für manchen vielleicht anstößigen Satz gilt es zu bedenken, wenn wir über die Sehnsucht nach Anbetung im Gottesdienst nachdenken. Denn die Sehnsucht nach Nähe zu einem begehrenswerten Gegenüber ist da, egal ob wir das wahrhaben oder anstößig finden wollen oder nicht. Sehnsucht hat grundsätzlich etwas mit Erotik zu tun. Leider ist der Begriff »Erotik« in unserer Gesellschaft zu etwas Schmuddeligem, Unanständigen geworden. Gemeint sind jedoch jene ganzheitlichen Momente, in denen in einem Gottesdienst durchaus auch körperlich etwas mit uns passiert – und zwar nicht nur dadurch, dass wir zähneklappernd zittern, weil wir in der kalten Kirche frieren wie die Schneider, sondern dass wir Momente echter Anbetung erleben, in denen uns ein wohliger Schauer ob der Gegenwart Gottes überfällt. Das sind Momente der Meditation und der Andacht, in denen wir plötzlich eine Gänsehaut bekommen, weil etwas so schön, so treffend und gefühlvoll formuliert dargebracht wurde, weil wir einfach von der Liebe und Größe Gottes überwältigt werden.

»I don't know how to love him …«, der sicherlich bewegendste Song aus dem Musical Jesus Christ Superstar, ist das Bekenntnis der Maria Magdalena, mit dem sie sich selbst und anderen gleichzeitig eingesteht, sehr ehrlich eingesteht, dass ihre Liebe zu Jesus durchaus auch eine erotische Komponente hat. Ernst zu nehmende Psychologen haben darüber hinaus ganz ohne Häme gesagt, dass sie sehr gut verstehen, dass in der von Männern geleiteten katholischen Kirche auch Maria als Frau so sehr in den Vordergrund geholt wurde. Da wird eine schier »überirdische« Frau angehimmelt, die auf Bildern sogar mit freiliegendem Busen gezeigt werden durfte. Und manches innigliche, geistliche Gedicht zum Lob der Mutter Gottes benutzt Bilder, die überaus erotisch sind. Und das ist keineswegs schmutzig, im Gegenteil, das ist reine Hingabe und zeugt von einer Sehnsucht nach Verbundenheit, die weit über rituelle Verehrung hinausgeht. Jesus selber hat ja seine Beziehung zur Gemeinde mit der Beziehung von Braut und Bräutigam verglichen (Markus 2,19f. ; Lukas 5,34f.) und seine Jünger ermahnt, sich »wie die klugen Brautjungfern« auf das verspätete Kommen des Bräutigams einzurichten und einzustimmen (Matthäus 25,1ff.). Wenn Jesus Bilder und Anspielungen aus der körperlichen Verbundenheit nimmt, sollten wir unsere Vorbehalte zumindest ein wenig mildern.

Eine besonders schöne Form, sich als Einzelner oder als Gemeinde auf die Gegenwart des heiligen Geistes einzustellen, ist die Anbetung. Dabei strecke ich mich innerlich und äußerlich aus nach diesem tröstenden Geist Gottes und wachse gewissermaßen »über mich selbst hinaus« – IHM entgegen.

1. Eine der schönsten Ausdrucksformen der Hingabe sind Lieder: Viele traditionelle Gemeindelieder sind Anbetungslieder – nur spürt das keiner, wenn sie monoton und unbewegt gesungen werden. Werke wie »Großer Gott, wir loben dich« oder »Nun danket alle Gott, mit Herzen Mund und Händen« verweisen darauf, dass es sich bei der Anbetung um ein ganzheitliches, durchaus auch körperliches Ereignis handelt. Wo loben wir denn noch mit den Händen? Verdeutlichen Sie deshalb der Gemeinde immer wieder die Bedeutung der Anbetung, decken Sie die latente Sehnsucht auf und ermutigen Sie den Einzelnen zur »Begeisterung«. Sie werden feststellen, dass der Gesang sich verändert, dass die Gemeinde auf einmal erkennt, was sie tut, wenn sie ein Loblied singt, und das dann auch engagiert umsetzen will.

2. Die Stille ist für all unsere Sehnsüchte ein wunderbarer Rahmen, innerhalb dessen sich unser inneres Ohr auf die Gegenwart Gottes einstellen kann: Ich gebe mich ganz hin. Ich gebe meinem Dank und meinem Grund zur Anbetung Raum. Ich vergegenwärtige mir, wie schön es ist, eine Familie zu haben, gesund zu sein, genug zu essen zu bekommen und vieles mehr. Und ich mache mir bewusst, woher all dieser »Reichtum« kommt. Welch Gnade es ist, mit diesem Gott leben zu dürfen. Aus dieser Vergegenwärtigung wächst dann vielleicht jene dankbare Freude, die mich in die Anbetung führt. Fangen Sie an, Stille bewusst als einen Anfang für das Lob Gottes zu begreifen.

3. Das Wort »Gebet« ist ja in dem Wort »An-betung« schon enthalten. Jedes Lob Gottes ist weniger von äußerlichen Strukturen, als von einer tiefen inneren Sehnsucht nach Gebet bestimmt. Ich »gebe Gott die Ehre«, indem ich anerkenne, dass ich ein begabter, beschenkter Mensch bin. Indem wir Gott »loben« für das Leben, für die Dinge, die wir zur Verfügung haben, verändert sich auch unser Bewusstsein. Aus dem DANKEN wächst ein neues DENKEN – wir machen es uns neu bewusst: Vieles was wir haben, ist nicht selbstverständlich. So wird das anbetende Gebet zu einer tiefen, spirituellen Wurzel auch für soziales und gesellschaftliches Engagement: In dem Maße wie ich selber dankbar (an-)erkenne, dass ich ein »beschenkter« und »begnadeter« Mensch bin, in dem Maße werde ich (hoffentlich) auch einen geschärften Blick für all jene entwickeln, denen weniger gegeben ist. Aber auch dafür braucht man einen Rahmen. Entwickeln Sie in ihrer Gemeinde eine Kultur der Dankbarkeit. Sie werden erleben, wie Missstimmungen, Unzufriedenheit und Ärger deutlich abnehmen.

4. Entwickeln Sie eine Lobpreiskultur in Ihrer Gemeinde: Die traditionelle Liturgie bietet vom »Halleluja« (nach der ersten Schriftlesung) über das »Allein Gott in der Höh' sei Ehr« bis hin zum »Heilig, Heilig« viele Gelegenheiten und Positionen für die Anbetung.

Diese Positionen kann ich jeweils neu füllen, mit neuen Liedern und neuen Texten bestücken. Es ist sicherlich ein Verdienst der charismatischen Gemeindeerneuerungsbewegungen, dass es landauf, landab in vielen Gottesdiensten mittlerweile einen »Lobpreisteil« gibt. D.h. die Gemeinde nimmt sich bewusst Zeit, eine Viertelstunde oder zwanzig Minuten Gott zu loben und ihn anzubeten. Dabei spielt das moderne, in einfachen Kehrversen gehaltene Lobpreislied eine tragende Rolle. Es haben sich in einigen Gemeinden richtige »Anbetungsteams« gebildet, die mit Gitarren (im Idealfall: eine sechssaitige und eine zwölfsaitige Gitarre), Keyboard, Kongas, Bass und Schellenkranz sowie einfachem mehrstimmigen Gesang die Gemeinde in den Lobpreis mit hineinnehmen.

Beim Lobpreis und bei der Anbetung sollten die Lieder und Melodien so einfach und redundant gehalten sein, dass ich sie auch mit geschlossen Augen singen kann und mich dabei voll und ganz der Anbetung, der Konzentration auf den heiligen Geist »hingeben« kann. Manche Gemeinden machen allerdings den Fehler, sich nur noch auf diese Lobpreislieder zu konzentrieren. Dabei besteht dann die Gefahr, dass der Gemeindegesang zu einem intellektuell eher einfach gestrickten sprachlichen Ereignis wird (sprich: die Textqualität vieler so genannter Lobpreislieder lässt doch sehr zu wünschen übrig). Wir empfehlen einen gesunden Mix aus alten und neuen geistlichen Liedern und die Freude, im Lobpreisteil auswendig, mit geschlossenen Augen und erhobenen Herzen lustvoll zu »frohlocken«.

5. Anbetung hat auch mit dem Körper zu tun. Ethnologen haben schon früh entdeckt, dass es bei allen kulturellen Unterschieden einige Merkmale gibt, die alle Völker der Welt vereint. Dazu gehört, dass Freude immer mit bewegten Armen, einer offenen Körperhaltung und erhobenem Haupt verbunden ist. Ganz gleich, ob bei den Eskimos oder in Papua-Neuguinea: Wer sich freut, hat natürlicherweise einen gelösten, der Welt zugewandten Ausdruck. Dass wir in unseren Gottesdiensten so oft den Kopf senken, die Schultern nach vorne fallen lassen und den Rücken beugen, passt vielleicht zu

110

einem demutsvollen Gebet, der von Gott versprochenen Freude aber steht das alles spürbar im Weg. Ja: Wir strafen mit unserem Körper unsere Worte Lügen – und das spüren nicht nur Kirchendistanzierte, wir selber ahnen, dass man so nicht loben kann. Natürlich wäre es auch falsch, auf einmal nur noch die Arme zu schwenken, dazu ist ein Gottesdienst viel zu vielschichtig. Aber versuchen Sie es doch einfach einmal: Sie werden spüren, dass Sie anders beten, wenn Sie die Hände falten, zusammenlegen, zur Schale öffnen, auf die Brust legen, hängen lassen, erheben oder bewegen.

6. Entdecken Sie die Kraft der traditionellen Texte, in dem Sie das Lesen zum Gebet werden lassen, in das Sie sich hingebungsvoll hineinfallen lassen können. Die Psalmen etwa führen uns direkt in die Anbetung: »Jubelt dem Herrn zu, denn ihr seid sein Volk …« (Psalm 33); »Freuen dürfen sich alle, denen Gott ihr Unrecht vergeben hat …« (Psalm 32); »Den Herrn will ich preisen zu jeder Zeit, nie will ich aufhören, ihm zu danken …« (Psalm 34). Diese alten Lieder des Volkes Israel sind voller Dankbarkeit, Weisheit und Anbetung. Lesen Sie mit der Gemeinde zusammen und im Wechsel immer wieder auch die Psalmen als Anbetungstexte. In unseren Gesangbüchern, im »Gotteslob« und im Evangelischen Gesangbuch sind die Psalmen extra abgedruckt, sodass wir sie häufig privat und im Gottesdienst anstimmen und uns von ihnen in die Anbetung führen lassen.

7. Wagen Sie häufiger einmal, Meditationen einzubauen – das staunende Betrachten eines Sonnenuntergangs, das verzückte Lauschen in die Sommernacht kann uns direkt und mitten hinein in die Anbetung führen. Es gibt ja den bösen Satz: »Wer Gott im Wald sucht, sollte sich vom Oberförster beerdigen lassen«. – Wir haben diesen Satz (das müssen wir zu unserer Schande gestehen) selbst des Öfteren zitiert, denken aber mittlerweile, dass ein Waldspaziergang unter Umständen unsere Sehnsucht nach Anbetung wesentlich besser befriedigt als die meisten traditionellen Gottedienste. Man müsste heute eher sagen: »Wer Gott wirklich im Wald oder in der Natur sucht, der sucht ihn wenigstens noch, der gibt seiner Sehnsucht nach Gott noch Raum und lässt sich nicht dumpf in den Rahmen einer traditionellen Liturgie fallen.« Die Meditation, dieses Wort kommt von dem lateinischen »meditari« und heißt »üben«, das übende Betrachten eines Blattes oder einer Ameise beim »Hausbau« löst oftmals wesentlich mehr Bewunderung für den Schöpfer und daraus resultierend auch Anbetung aus, als so manche langatmige und langweilige Liturgie. Haben Sie daher Mut, unterschiedlichste Dinge als Zeichen der Größe Gottes und damit als Auslöser der Hingabe zu nutzen.

8. Auch und gerade Instrumentalmusik, eine schöne, gut vorgetragene Ballade oder ein schönes Orgelwerk können uns hineinnehmen in die Anbetung. Es ist gut, auch mitten im Gottesdienst einmal ein Instrumentalstück erklingen zu lassen, vielleicht in Kombination mit den Elementen Stille und Meditation. Die kompositorischen Assoziationen der Musik fördern die bildhaften Assoziationen unserer Meditation, die uns dann auf ganz verschiedenen Ebenen in die Anbetung führt. Oft hilft es, zur Musik auch einen Gedankenanstoß mitzugeben, der eine Richtung weist und allzu wilde Vorstellungen in eine gesunde Bahn lenkt: »Nutzen Sie die nächsten Minuten, sich an die schönsten Momente Ihres Lebens zu erinnern.« »Worüber haben Sie sich in den letzten Wochen mehrfach geärgert?« »Wo geben Sie Gott in Ihrem Leben Raum zu wirken?«

9. Nutzen Sie auch die Kasualien (Taufe, Hochzeit usw.) und die Hochfeste als Zeiten der Anbetung. Am Heiligen Abend ist es immer rappelvoll, und zwar deshalb, weil alle, auch die »heidnischen« Weisen, die »drei Könige«, das kleine Kind anbeten wollen. Auch wenn wir insgesamt eine eher kinderfeindliche Gesellschaft haben (zumindest verglichen mit den Italienern, Griechen, Spaniern und Schweden), so löst doch die »Erscheinung des Kindes«, sei es an Heilig Abend oder im Rahmen einer Taufe, bei den meisten Menschen unwillkürlich jene spontane Freude und Begeisterung aus, die uns auch in die Anbetung zu führen vermag. Schade, allzu schade ist es, dass diese Gelegenheiten, wie z.B. der Heilige Abend, oft nicht genutzt werden, einmal wirklich diese säkulare und ganz natürliche Sehnsucht nach Anbetung zu »bedienen«. Bitte, scheuen Sie sich nicht, »kommerziell« im positiven Sinne zu denken und werben Sie gerade an diesem Abend für jenen Glauben, für jenen Gottesdienst, der die Sehnsüchte des Menschen kennt, ernst nimmt und in vielerlei Hinsicht beantwortet.

10. Machen Sie den Menschen Mut, sich auch im Alltag Zeiten der Anbetung zu gönnen. Nirgendwo steht geschrieben, dass man nur in der Kirche Gott loben kann. Wenn Menschen zu Hause ihren Glauben praktizieren, dann in der Regel nur mit Gebeten. Warum sollte man nicht einmal zu Hause Loblieder singen und Gott inniglich preisen? Leider haben wir da eine merkwürdige Scheu. Selbst Pfarrgemeinderäte und Kirchenvorstände nutzen die Zeit lieber, um über die Farbe der neuen Sitzkissen zu reden, als Gott zu loben. Es verändert eine Gemeinde ungemein, wenn in allen Kreisen, Gruppen und Arbeitsteams zu Beginn Zeit für Lob und Anbetung ist.

Gemeinschaft

Die Sehnsucht

Es scheint fast trivial, von der Suche nach Gemeinschaft zu reden. Dennoch ist die Erkenntnis »Es ist nicht gut, dass der Mensch allein sei« gerade zu Beginn des neuen Jahrtausends unendlich wichtig. Denn die klassischen Formen der Gemeinschaft – Kirchen, Vereine, Gewerkschaften, Verbindungen und Ähnliches – melden seit Jahren Mitgliederschwund. Das hat nichts mit einem abnehmenden Willen zum Miteinander zu tun, sondern mit einer Flucht vor Verantwortung und Verbindlichkeit. »Gemeinschaft: Ja. Investition in die Gemeinschaft: Nein«, um es einmal sehr polarisierend auszudrücken. Das heißt: Die Formen der Gemeinschaft ändern sich. Wir verlassen uns lieber auf einen kleinen überschaubaren Freundeskreis, in dem wir viele schon in der Jugend kennen gelernt haben, während wir uns selten aufmachen, neue Bekanntschaften zu schließen. Wir wünschen uns ein schnell organisierbares, aber zu nichts verpflichtendes Treffen mit Gleichgesinnten, dass uns möglichst wenig unserer Zeit kosten soll.

Und doch sehnt sich fast jeder, der Gemeinschaft auch nur im Ansatz erlebt hat, nach mehr: Die gemeinsame Fröhlichkeit, das Zusammenwachsen zu einem Team, das Füreinanderdasein, das gemeinsame Verfolgen einer Idee und die Erfahrung, dass fünf Freunde mehr sind als fünf Einzelne, die nebeneinander herleben, gehört zu den Urerfahrungen des Glücklichseins. Natürlich gibt es auch introvertierte Menschen, die nur mit wenigen anderen zusammen sein können und wollen; doch auch sie sind in der Regel keine erklärten Einzelgänger. Denn die Gruppe verleiht ja nicht nur Sicherheit, sie gibt uns auch die Möglichkeit, in einer bestimmten Rolle akzeptiert und getragen zu werden. Außerdem hoffen wir immer wieder darauf, dass wir Teil eines größeren Ganzen werden, das letztlich auch größere Ziele und Werte hat als ein Einzelner. Erst in der Beziehung zu anderen Menschen können wir als Individuen wirklich reifen, und wer sich der Kritik und dem Lob ehrlicher Menschen entzieht, mag zwar manche Herausforderung vermeiden, er wird sich aber weder entwickeln noch zu einer echten Persönlichkeit werden. Schon die ersten frühen Menschen ahnten, dass der Einzelne nur im Verband die Probleme und Fragen des Lebens sinnvoll lösen kann. Und darum gibt es auch keine große Religion dieser Welt, die nicht in ihren entwickelten Stadien erkannte, dass die Gemeinschaft eine Grundlage für gelingendes Leben ist.

Erschreckenderweise ist ja die überwiegende Mehrheit der Kirchenmitglieder (Umfrage im Oktober 1998) der Meinung, dass man auch ohne Kirche glauben kann. Das mag im Prinzip stimmen, führt aber letztlich doch in die Sackgasse. Erst in einer Gemeinschaft mit anderen Christinnen und Christen kann ich mich geborgen wissen, kann meine von Gott geschenkten Gaben entfalten und an seinem Reich mitbauen. Wer die Gemeinschaft scheut, der verpasst nicht nur die schönsten und bewegendsten Geschenke Gottes an die Menschen, er lebt auch gegen eine der großen Ursehnsüchte.

Wo und wie erleben wir diese Sehnsucht im Alltag?

Die Anzahl der Filme, in denen eine kleine, zusammengeschweißte Gruppe gegen alle Widerstände ans Ziel kommt, nimmt stetig zu. Aber auch die Werbung lebt weiterhin davon, dass sie uns glückliche Gemeinschaftsszenen zeigt: die fröhliche Familienrunde, die Kameraden am Lagerfeuer, die Freunde beim gemeinsamen Essen, die Abenteurer, die gemeinsam die Camel-Trophy überstehen oder sich in Furcht erregende Canyons stürzen, die Crew auf dem Segelschiff, den glücklichen Chefkoch mit seinem Team oder die Müsliriegel knabbernde Handwerkerinnung. Das alles sind Bilder, die an unser Gemeinschaftsbedürfnis appellieren, an unsere Sehnsucht, mit anderen zusammen stimmungsvoller und interessanter durchs Leben zu gehen, als alleine.

Darum ist es auch kein Zufall, dass Sekten nachgewiesenermaßen ihren Erfolg nicht wegen ihres Gurus oder ihrer eigentümlichen Schriften, sondern ausschließlich wegen ihres Anspruchs, eine »Heilige Familie« zu sein, haben. Ähnliches gilt für politische Randgruppen. Menschen sehnen sich so sehr nach einer gemeinschaftlichen Umgebung, dass sie sogar bereit sind, dafür massive Nachteile in Kauf zu nehmen. Meist fordern sie nicht einmal mehr demokratische Strukturen, sondern sind froh, dass die Gemeinschaft oder der Leiter für sie entscheidet.

Wie groß dieses Bedürfnis ist, zeigt auch der Trend amerikanischer Managementkonzepte, Belegschaften zu Interessengemeinschaften zusammenzuschweißen. Man spricht nicht mehr vom Kollegenkreis, sondern vom Team, dass zusammen ein klares Ziel erreichen will. Mit Hilfe von gemeinsamen Essen, einer gemeinsamen Identität und einem geförderten Bewusstsein von Verantwortung und Verpflichtung gegenüber der Gemeinschaft lässt sich die Produktivität der Mitarbeiterinnen und Mitarbeiter um einiges steigern. Und diese machen das gerne mit, weil es ihrer Sehnsucht entspricht.

Aber auch die rasche Entwicklung von Selbsthilfegruppen belegt dieses Bedürfnis. Nach der großen Psychoanalysewelle, die ja auch schon belegte, dass Menschen zur Lösung ihrer Probleme ein Gegenüber brauchen, verbreitet sich jetzt die Erkenntnis, dass eine größere Gruppe eigentlich noch besser geeignet ist, um sich mit den eigenen Schwächen und Fragen auseinander zu setzen. Es gibt wohl kaum ein Problem, ein Leiden oder eine Gesellschaftsfrage, zu der nicht von irgendjemandem eine passende Gruppe angeboten würde. Darin wird dann auch die Veränderung der vergangenen Jahre deutlich: Während früher Gemeinschaft gerne öffentlich präsentiert wurde, sucht sie heute den Schutz eines kleinen, überschaubaren Raumes.

Die Sehnsucht im Gottesdienst

Es ist bedauerlich, dass man das überhaupt erwähnen muss, aber ein Gottesdienst ist nun einmal von seinem ganzen Selbstverständnis her ein Gemeinschaftserlebnis. Nur gehen gerade Kirchendistanzierte, die eine Stunde auf eine starre, vereinzelt dasitzende Gruppe von nicht miteinander kommunizierenden Menschen geschaut haben, achselzuckend aus der Kirche, weil sie selten etwas spüren. Meist liegt das vor allem daran, dass der Gottesdienst in seiner vermeintlichen Heiligkeit einfach den Alltag unterbricht, Menschen zusammenführt, die sonst wenig miteinander zu tun haben, und auch sonst keine Forum für Begegnung bietet. Erinnern Sie sich an die Anfänge des Christentums: Da haben die Leute erst zusammen gegessen und sich miteinander unterhalten, bevor sie sich an die Liturgie gewagt haben. Sie kamen zusammen, um sich als Gemeinschaft in Christus zu treffen, und dieses bereichernde Miteinander führte zwangsläufig dazu, dass auch Lob Gottes, Gebet, Gesang, Lehre und Lesungen gestaltet wurden. Heute ist es umgekehrt. Man kommt zum Gottesdienst und es bedarf langer Diskussionen, wenn man das Vorher und das Nachher ein wenig persönlicher gestalten will, von einer echten Begegnung im Gottesdienst ganz zu schweigen.

Und doch spiegeln viele der liturgischen Elemente die Sehnsucht nach Gemeinschaft wider: das Singen, das Bekenntnis, das Vaterunser, die Salutatio und vor allem das Abendmahl. Nirgendwo auf der Welt wird die Eucharistie alleine gefeiert, sie ist Symbol und Sinnbild der Gemeinschaft in Christus. Und so, wie ich kein Brot für mich selber breche, spreche ich mir auch nicht allein die Einsetzungsworte zu. Das Abendmahl stellt die von Jesus berufene Gemeinschaft in den Mittelpunkt des Geschehens und rechnet fest mit der Anwesenheit Gottes, sodass zu der menschlichen Verbundenheit die göttliche Dimension dazukommt. Gemeinsames Essen und Trinken wurde zum Sinnbild christlichen Miteinanders. Dieses Durchdrungensein des Gottesdienstes von einer gemeinschaftlichen Atmosphäre suchen Außenstehende in der Regel als Erstes – und meist vergeblich.

Die Wiederentdeckung der Sehnsucht

Gemeinschaft ist nichts, was man einfach *machen* kann, und wenn eine Gemeinde daran gar nicht interessiert ist, werden alle Hilfsmittel versagen. Ein Frankfurter Pfarrer verkündete einmal unter Kollegen in vollem Ernst: »Das Schöne an unserer Volkskirche ist doch gerade die Anonymität. Ich kann kommen und gehen, ohne dass mich jemand wahrnimmt.« Nur ist das nicht »schön«, das ist Schrecken erregend. Denn wer nicht bereit ist, im Gottesdienst Menschen zu begegnen, der ist auch nicht bereit, Gott zu begegnen – dem Gott, der ja immer wieder betont hat, dass er auch und gerade im Miteinander sichtbar wird. Es kann selbstverständlich sein, dass ein Schwellenangebot bewusst die Bedürfnisse der Menschen nach Anonymität akzeptiert – ein Ziel kann das aber keinesfalls sein. Ruhe und Abgeschiedenheit bekomme ich auch im Park oder wenn ich alleine in einer Kapelle sitze, Gottesdienst sollte ein Fest sein, in dem wir miteinander unseren Glauben und unseren Herrn feiern. Natürlich auch mit Momenten der Stille und des Insichgehens, aber eben auch mit Gemeinschaft.

1. Nehmen Sie sich sehr viel Zeit, die Menschen am Eingang zu begrüßen. Heißen Sie sie in der Gemeinschaft willkommen. Auch und gerade der Pfarrer sollte seine Vorbereitungen für den Gottesdienst so weit abgeschlossen haben, dass er bis kurz vor dem Beginn mit am Eingang stehen kann. Wie will er sonst mit Menschen gemeinsam eine Messe oder eine Liturgie gestalten, die er noch gar nicht bewusst wahrgenommen hat? Begrüßen Sie die Gottesdienstbesucher auch im Gottesdienst noch einmal, und lassen Sie sie wenn möglich auch antworten. Ein freundliches »Guten Morgen« aus vielen Kehlen kann auch Gott gewiss nicht missfallen.

Aber geben Sie den Menschen auch Raum, sich im Gottesdienst selbst zu begegnen. Viele Gemeinden nutzen den Friedensgruß und erweitern ihn sogar; denn wer dem anderen Frieden wünscht, darf auch seinen Namen erfahren und ihn persönlich kennen lernen. Machen Sie den Leuten Mut, sich einander vorzustellen. Betrachten Sie den Gottesdienst als Gemeinschaftserlebnis, und Ihnen werden viele Möglichkeiten zur Gestaltung einfallen: das Weitergeben von Licht mit Kerzen, das Weiterreichen des Abendmahlsbrotes usw.

2. Gerade das Gebet war ursprünglich ein Moment, in dem die Gemeinschaft am deutlichsten spürbar wurde. Jeder nahm die konkreten Anliegen der anderen in seine Fürbitte mit auf und vertraute sich ihnen auch an. Unsere Fürbitten versuchen in der Regel einen Rundumschlag um das Leid dieser Welt und die gesellschaftlich Verantwortlichen zu veranstalten, bleiben dabei aber meist abstrakt. Wenn Sie einmal für das Krebsleiden Ihrer Nachbarin oder die gefährdete Ehe des Pfarrgemeinderatmitgliedes gebetet haben, wissen Sie, wie Gemeinschaft aussehen kann. Ganz mutige Gemeinden beginnen inzwischen sogar wieder mit freien Gebeten. Wer etwas auf dem Herzen hat, bringt es in der Gemeinschaft vor Gott. Das braucht anfangs viel Mut, wurde aber an mehreren Orten inzwischen zu einer ganz selbstverständlichen Form.

3. Lassen Sie sich nicht einfach alles von Ihrem Pfarrer erzählen. Zu einer guten Predigt gehört ein Predigtnachgespräch, besser aber noch eine Rückfragemöglichkeit im Gottesdienst. Bewährt hat sich auch hier das Arbeiten mit Fragezetteln. Ein Gemeindemitglied, das weiß, dass es Nachhaken, Infragestellen und um Konkretionen bitten kann, hört nicht nur anders zu, es ist auch viel mehr Teil der Gemeinschaft. Ein Prediger, der auf Fragen nicht eingehen und seine Thesen nicht in konkrete Schritte für den Alltag umsetzen kann, ist sehr zu bedauern.

4. Schaffen Sie einen wirklich gemütlichen Rahmen. In Amerika oder auch in Holland ist es in vielen Kirchen längst üblich, dass man nach jedem Gottesdienst Gebackenes, Kaffee, Saft oder sogar einen Imbiss erhält, sodass die Besucher auch Lust bekommen zu bleiben. Schön, wenn man sich dabei auch setzen kann. Wenn das geht, lassen Sie das fröhliche Miteinander ruhig in der Kirche stattfinden, damit die Gemeinde den Begriff »Sakraler Raum« nicht immer mit Stille, geneigtem Kopf und Vereinzelung gleichsetzt.

5. Schaffen Sie über den Gottesdienst hinaus Formen, in denen die Gemeinde Gemeinschaft erleben kann. Am leichtesten geht das in Hauskreisen, in denen natürlich ein viel engeres Miteinander möglich ist, als in einer Gemeinschaft von fünfzig oder fünfhundert Leuten. Nutzen Sie Gemeindefeste und andere Aktivitäten dazu, gemeinschaftsstiftende Elemente einzuführen. Und überlegen Sie sich Begegnungen Ihrer Gemeinde mit anderen Institutionen oder Gemeinschaften; denn nichts schweißt mehr zusammen, als die positive Auseinandersetzung mit anderen: sei es eine Partnergemeinde, ein Projekt in der Dritten Welt, eine eigene Fußballmannschaft, ein Bauvorhaben, regelmäßige Chorbegegnungen oder Ähnliches.

6. Heben Sie immer wieder die Bedeutung des gemeinsamen Singens und Betens hervor. Gerade bei neu zu lernenden Liedern, Kanons, Wechselgesängen innerhalb der Gemeinde und anderen kommunikativen Formen erlebt sich der Einzelne als Teil der Gemeinschaft. Es gibt keinen Grund, nicht auch Lieder anzumoderieren, in einem Gottesdienst einmal Wunschkonzert zu machen und die Besucher auch zu ermutigen, aus vollem Herz zu singen. Lassen Sie dabei auch möglichst viele Personen mitmusizieren. Wenn Sie begabte Künstler in Ihren Reihen haben, motivieren Sie sie, vielleicht auch einmal ein Lied für den Gottesdienst zu schreiben. Das ist dann das eigene Lied Ihrer Gemeinschaft.

7. Bemühen Sie sich, nicht nur in den Predigten die Fragen und Gedanken der Menschen aufzunehmen. Es gibt unendlich viele Möglichkeiten, Besucher zu integrieren. Wenn Sie forsch sind, geben Sie jedem eine grüne und eine rote Karte in die Hand. Bauen Sie nicht irgendwelche Statistiken ein, sondern die Meinung Ihrer Gäste, indem Sie sie zu bestimmten Bereichen abstimmen lassen. Etwa: Brauchen wir mehr Sicherheit? Ja (grün) oder Nein (rot). Sind Sie mit Ihrer Arbeit zufrieden? Ja (grün) oder Nein (rot) usw. Wenn Sie die Ergebnisse dieser Befragungen direkt in den Gottesdienst einfließen lassen, wird daraus wirklich eine kommunikative Gemeinschaft.

8. Machen Sie immer wieder deutlich, dass die Gemeinschaft in einer Gemeinde sich nicht im Gottesdienst erschöpft. Für viele Menschen ist ja der Sonntag der einzige Tag, an dem sie überhaupt mit anderen Gemeindemitgliedern in Kontakt kommen können, und sie wissen gar nicht, wie viele Angebote und Möglichkeiten es vor Ort gibt. Oft hilft, wenn man regelmäßig aktive Gruppen aus der Gemeinde bittet, ihre aktuelle Arbeit während der Liturgie vorzustellen oder sich bei bestimmten Elementen mit einzubringen. Häufig wissen die Besucher ja nur aus dem Gemeindeblättchen, was in der Gemeinde überhaupt stattfindet, und meist können sie sich unter »Kindergruppe ›Die Breitmaulfrösche‹« auch nur sehr wenig vorstellen.

9. In Umfragen erwähnen Kirchendistanzierte immer wieder, dass es ihnen vor allem deshalb schwer fällt, in eine Kirche zu gehen, weil sie dort niemanden kennen und auch nicht wissen, wen sie im Zweifelsfall ansprechen können. Lassen Sie doch immer eine Person aus dem Pfarrgemeinderat, einen der Kirchenvorsteher oder eine Mitarbeiterin einen roten Button tragen, der sie als Kontaktperson auszeichnet, sodass ein Fremder sofort weiß, bei wem er Auskunft bekommt oder sein Interesse an anderen Angeboten kundtun kann.

10. Heben Sie den Wert der Gemeinschaft und konkrete Fragen des gemeinschaftlichen Miteinanders auch in den Predigten immer wieder hervor. Nur sollte das so geschehen, dass es nicht bei abstrakten Formulierungen bleibt, sondern umsetzbare Vorschläge gemacht werden. Und schaffen Sie auch in Gremien und Kreisen Raum, neben der Tagesordnung miteinander ins Gespräch zu kommen. Bisweilen arbeiten da Menschen miteinander, die von ihrem Nachbarn nicht einmal den Beruf kennen, geschweige denn dessen Alltagssorgen oder Freuden. Die Entwicklung einer lebendigen Gemeinschaft in der Gemeinde dauert bisweilen sehr lange, sie ist aber jede Mühe wert. Manchmal ist es auch tatsächlich sinnvoll zu fragen, ob man nicht beispielsweise in einem Gremium wie dem Presbyterium, in dem Schwestern und Brüder als Gläubige miteinander ihre Gemeinde gestalten wollen, nicht doch einmal zum »du« übergehen sollte. Das ist nicht jedermanns Sache, es erleichtert aber vieles.

Glauben

Die Sehnsucht

Es gibt nicht nur eine fromme, sondern auch eine ganz säkulare Sehnsucht nach Glauben: Jeder Mensch sehnt sich nach etwas, einer Idee oder einem Ziel, woran er oder sie glauben kann, nach etwas, das dem Leben Halt und Sinn gibt. Wer etwas glaubt, der vertraut und schöpft eine Hoffnung, aus der auch für den Alltag neue Kraft erwächst. Nach solch einer Kraftquelle, nach solch einem kindlichen Urvertrauen, einem tragenden Lebensgerüst suchen alle Menschen. Vielleicht kennen Sie aber auch die Karikatur von dem Blinden, der vollmundig behauptet: »Ich glaube nur, was ich sehe.« Wir wollen uns einreden, wir selber könnten die Objekte unseres Glaubens beherrschen. Dabei glauben wir alle pausenlos, ohne uns darüber Gedanken zu machen. Wir glauben, dass der Stuhl nicht zusammenbricht, auf dem wir sitzen, dass uns der Apotheker nicht vergiftet, dass wir unser Leben im Griff haben und vieles mehr. Jeder Mensch hat ein ungeheuer großes Glaubenspotenzial. Fakt ist jedoch, dass ein Großteil dieses Potenzials gewissermaßen absorbiert wird von unseren Gedanken an »das liebe Geld« und andere verheißungsvolle Ziele.

Stellen Sie sich einmal an den Eingang einer Bank und beobachten Sie, wie die Menschen da hinein- und herausgehen: Das hat liturgische Züge und mittendrin ist die Schriftlesung, d.h. was die Kunden sehen und was sie auch glauben. Je nachdem, was am Ende auf dem Bankauszug steht, gehen die so Bepredigten erhobenen oder gebeugten Hauptes aus dem »Mammontempel«. »Woran du dein Herz hängst, das ist dein Gott.« Gemäß diesem Lutherzitat sind wir ein Volk von Heiden, wie christlich wir uns auch nennen mögen, denn letztendlich zählt das Geld und die damit verbundenen Hoffnungen auf Macht und Ansehen. Unser Götze heißt Mammon. An den Finanzen entscheidet sich scheinbar (so glauben wir) alles: Die Zukunft des Einzelnen, der Familie, unserer Gesellschaft und auch unserer Kirchen – wie gesagt: so glauben wir, unterschwellig natürlich. Hinter diesem Glauben, an das, was wir sehen (z.B. auf dem Kontoauszug), was sich rechnet und was sich und mich »trägt«, steckt natürlich die Sehnsucht nach einem tiefergreifenden und weiterreichenden Glauben. Längst ist statistisch nachgewiesen, dass das Einkommen nichts, aber auch gar nichts mit Zufriedenheit zu tun hat, und dass Menschen häufig immer unglücklicher und unausgeglichener werden, je höher sie auf der Karriereleiter steigen; und doch leisten wir uns eine Gesellschaft, die weiterhin solche wenig erfüllenden Werte hoch hält. Der Kirchenvater Augustinus hat schon Anfang des sechsten Jahrhunderts davon gesprochen, dass es in uns eine Sehnsucht nach Glauben gibt, die uns solange unruhig sein lässt, bis wir bei Gott Ruhe finden. Dazu ein Liedtext:

Unruhig ist unser Herz

In uns brennen tausend Fragen,
all die Ängste, all die Klagen.
Doch wir werden nicht verzagen,
Gott, in dir.

Von bunten Wünschen überrannt,
die Paradiese noch unerkannt.

Nur dieses Pochen lässt keine Ruh:
»Da muss doch mehr sein!« Immerzu.
Und alle Träume sind nur ein Traum:
Wann blüht er endlich, mein Lebensbaum?

Unruhig ist unser Herz, bis es Ruhe findet in dir.

Hab' nachgelesen, und da stand:
Die Sehnsucht hat uns fest in der Hand.
Ist nicht in mir die eine Kraft,
die Größe sucht und Leiden schafft.
Und alle Träume sind nur ein Traum:
Ist das mein Leben? Ich glaub es kaum.

Unruhig ist unser Herz, bis es Ruhe findet in dir.

Text und Musik: Fabian Vogt, »Duo Camillo ›Gott liebt Tango‹«,
Verlag Projektion

Wo und wie erleben wir diese Sehnsucht im Alltag?

Jedes Jahr im Herbst präsentiert uns die Filmindustrie eine ganze Palette von Fantasyfilmen, die unsere Sehnsucht nach Glauben gekonnt »bedienen«. Je näher es auf die Weihnachtszeit zugeht, desto stärker wird diese Tendenz. »E.T.«, einer der erfolgreichsten Filme dieses Genres, greift dabei unverhohlen und klar erkennbar in die »Trickkiste« liturgischer und christlicher Symbolik. Hier finden Sie von der »Niederkunft in einem alten Schuppen«, über Tod und Auferstehung bis hin zum Segen (»Ich werde bei dir sein«) und zum Regenbogen alles, was das sehnsuchtsvolle Herz begehrt. Der moderne Zeitgenosse (uns eingeschlossen) stillt seine Sehnsucht nach Glauben, indem er in diese Filme geht, sie sich bis zu zehnmal ansieht und dann auch noch als Video erwirbt. Dadurch wurden und werden solche Filme zu unglaublichen Kassenschlagern.

Auch die meisten Werbekampagnen knüpfen an unsere Sehnsucht nach Glauben in der Weise an, dass sie etwas behaupten – z.B.: »Wir machen den Weg frei« – was wir gerne glauben würden, nämlich dass jemand tatsächlich für uns sorgte, uns tatsächlich die Steine aus dem Weg räumte und sich als ein mächtiger Verbündeter erwies. Diese säkularen Verheißungen werden nun kombiniert mit Bildern und Symbolen, die auf ganz unterschiedlichen Ebenen an unseren Glauben oder böser gesagt an unsere Gutgläubigkeit appellieren. Also unterstreicht die Bausparkasse ihre Behauptung von einem zukünftigen Zuhause schon einmal mit einem Vorabfoto des zukünftigen lauschigen oder pompösen Eigenheims. Man sieht lachende und strahlende Gesichter »im Lande Kanaan, wo es keinen Schmerz und keine Tränen mehr geben wird«. Die vielen unsinnig abgeschlossenen Bausparverträge belegen das enorme Glaubenspotenzial.

Fragen Sie einmal Ihre Freunde und Bekannten (gerade die nicht-religiösen) nach ihrer Lebensphilosophie. Sie werden feststellen, dass die meisten Menschen eine irgendwie geartete Vorstellung vom Sinn des Lebens, vom Tod, von der Bewältigung von Konflikten und anderen existenziellen Dingen haben, die meist sehr nah am Christentum liegen. Wenn das überall so wäre, könnte man schon ein wenig beruhigter sein. Noch häufiger findet man aber Menschen, bei denen diese Ziele eine Flucht sind. Denn eigentlich laufen sie nicht irgendwohin, sie laufen vor etwas davon. Sie füllen ihren Glaubenstank mit negativen Werten. Das tun viele von uns, es ist aber unendlich gefährlich, denn wer vor etwas davonläuft, der kommt niemals an! Dieses Phänomen kann man übrigens getrost verallgemeinern: Glückliche Menschen laufen auf etwas zu, unglückliche laufen vor etwas davon. (Wobei man sehr aufpassen muss: Es gibt auch Menschen, die laufen irgendwelchen Zielen hinterher, um zu vergessen, wovor sie fliehen. Grundsätzlich aber stimmt die These.) Die einen haben ein Ziel, die anderen Angst. Die einen sind für etwas, die anderen gegen etwas. Und gerade mit den Ängsten der Menschen, die die Kehrseite der Sehnsucht nach Glauben bilden, machen unendlich viele Geschäftemacher ihren Gewinn. Denn auch wer Angst hat, glaubt an etwas, nämlich an einen Gegner. Darum kann Angst auch nur mit dem Glauben an etwas Gutes überwunden werden.

Die Sehnsucht im Gottesdienst

Wenn eine Autofirma wie Toyota mit dem Werbespruch »Nichts ist unmöglich« Milliardenumsätze einfährt, den Kirchen aber andererseits scharenweise die Leute davonlaufen, weil sie es nicht schaffen, diese ihre ureigenste Botschaft (»Alle Dinge sind möglich, dem, der glaubt«) attraktiv und verständlich »herüberzubringen«, spätestens dann wird es allerhöchste Zeit, einmal grundlegend über unser Erscheinungsbild und das jener kirchlichen Hauptveranstaltung, die sich Gottesdienst nennt, völlig neu nachzudenken. Jeder Gottesdienst ist ein Glaubensereignis. Ein Mensch, der nicht an Gott glaubt, erlebt unter Umständen eine völlig andere Veranstaltung, als der Mensch, der neben ihm »gläubigen Herzens« denselben Gottesdienst mitfeiert. Da jedoch, auch aus unseren »Kerngemeinden«, viele nicht mehr wissen, wie sie glauben können und sollen, ist es wichtig, dass wir gerade unter dem Aspekt der Sehnsucht nach Glauben in den Gemeinden die traditionellen Elemente unserer Liturgie einmal »abklopfen«.

Dabei wird es von entscheidender Bedeutung sein, dass ich (etwa in dem Gremium, das den Gottesdienst vorbereitet), ganz offen die Frage zulasse (auch und gerade bei mir selbst): Was glaube ich eigentlich wirklich? Wo habe ich meine theologischen Fragen und Probleme (z.B. das Leid in der Welt, die Jungfrauengeburt, das Abendmahl/Eucharistie, die Kirchenspaltung, der Sühnetod Jesu, die Auferstehung)? Wie löse ich diese Fragen, und wie bewältige ich meinen Alltag als gläubiger Mensch? Könnten meine Lösungsansätze auch Hilfe für andere sein, besser, breiter und intensiver zu glauben? Hüten Sie sich vor zu schnellem »frommem Deckeln«, sondern verstehen Sie die Frage wirklich als die Mutter der Antwort. Es geht nicht darum, über richtigen und falschen Glauben zu sprechen, sondern darum, endlich ehrlich zu werden. Jeder Mensch hat Phasen, in denen sein Glaube »durchhängt« und in denen er wenig von Gott mitbekommt. Warum können wir das eigentlich nicht zugeben?

Begrenzen Sie diese Gesprächsphasen vor Beginn zeitlich. Sie werden niemals alle Fragen aufgreifen und klären können. Vereinbaren Sie lieber (zum jeweiligen Thema) eine weitere Gesprächseinheit. »Herr, ich glaube, hilf meinem Unglauben«: Dieser Ausruf des Hauptmanns führt uns ins Gebet. Das Gebet ist die Geheimzentrale des Glaubens, denn letztendlich ist der Glaube an Gott ein Geschenk, das Gott selbst schenkt. Ohne dieses Geschenk gäbe es keine Kirchen, keine Gemeinden und natürlich auch keinen Gottesdienst.

Zu jeder Gottesdienstvorbereitung gehört das Gebet. Ein Gottesdienst, der nur Aktionismus und neue Techniken verbreiten will, ohne dabei tatsächlich mit dem Wirken des heiligen Geistes zu rechnen, ist ein ganzer Unsinn. Wir feiern ja gerade deshalb Gottesdienst, weil wir hier in ganz besonderer Weise mit der glaubensspendenden Gegenwart des allmächtigen Gottes rechnen. Das gilt es fröhlich, authentisch und attraktiv zu vermitteln.

Die Wiederentdeckung der Sehnsucht

Definieren Sie zu Beginn des Gottesdienstes die Veranstaltung als ein *Glaubensereignis*. Sprechen Sie dabei ruhig auch aus, dass Sie jetzt und hier mit der Gegenwart Gottes rechnen. Wenn wir uns gegenseitig den Glauben als ein Wunder Gottes vor Augen malen, nach dem wir uns ausstrecken, in dem wir wachsen und unterwegs sein können, dann verliert der Glaube das Abstrakte und Magische. Wenn die Bibel von Menschen erzählt, denen Jesus begegnet ist, dann sind diese Beschreibungen immer ungeheuer lebensnah und konkret. Glaube heißt in der Bibel: »Da wird ein Mensch, weil er in Jesus Christus die Nähe Gottes erfährt, von seinen Ängsten befreit.« Da senkt der Zöllner nicht demütig das Haupt, nein, er feiert ein großes Fest und beschließt, sein Leben zu ändern, weil sich all die Werte, die er vorher für tragend hielt, als Quellen des Unglücks, der Verhärtung und der Vereinsamung entpuppt haben. So müssen wir Gottesdienst feiern: dass danach jeder neu erfahren hat, wie befreiend Glaube ist. Beachten Sie bitte immer, dass dabei auch die Sehnsucht nach Wahrheit im Raum hängt. Wir müssen aufhören, uns selbst und anderen etwas vorzumachen. Wenn wir nichts mit Gott erleben, sollten wir das zugeben, denn nur die Ehrlichkeit vor uns und anderen wird dazu führen, dass wir uns wirklich für Gott öffnen können.

1. Bei der Frage nach dem Glauben kommt man um das Glaubensbekenntnis nicht herum. Aber die Frage ist ja auch erlaubt: Was glauben wir eigentlich? Woran halten wir uns fest? Worauf bauen wir unser Leben? Warum kommen Begriffe wie »Liebe, Vertrauen und Hoffnung« gar nicht in unserem Bekenntnis vor? In welchem Verhältnis steht unser tatsächlicher Glaube zu dem im christlichen Glaubensbekenntnis formulierten Glauben? Wie überbrücke ich als Christ, der ich ja sein möchte, den »Ist-/Sollzustand«? – Hier wäre es wichtig die Rolle des Gebetes und des Gottesdienstes insgesamt »ins Spiel« zu bringen. Ist es möglich, ein neues Glaubensbekenntnis zu formulieren? Brauche ich überhaupt ein Bekenntnis, wenn ja, wozu (Gefahr: Lippenbekenntnis)? Gestalten Sie einmal einen Gottesdienst nur über und um das Glaubensbekenntnis, lassen Sie von verschiedenen Gruppen Glaubensbekenntnisse erst diskutieren und dann gestalten: malen, tanzen, singen, reden, spielen.

2. Für Luther war die Predigt jenes Werk, das den Glauben »wecken« soll. Bei vielem, was heute so landauf, landab in unseren Kirchen gepredigt wird, kommen einem bestenfalls noch Zweifel, ob die Prediger selber glauben, dass ihre Worte etwas bewirken können. Oftmals ist es aber einfach nur ärgerlich und eine Zumutung, was manche Pfarrerin und mancher Priester unter der Bezeichnung »Predigt« da »vom Stapel« lassen. Begleiten Sie Ihren Prediger, aber auch Ihre Predigt betend, nehmen Sie die Menschen mit hinein in das, was sie glauben. Als Jesus gefragt wurde, wo er wohnt, sagte er nicht viel, er lud einfach ein: »Kommt und seht«. Damit ist nicht gemeint, dass ich jeden Sonntag »meinen Glauben« und »mein Christ-Sein« in die Predigt einbauen sollte. Nehmen Sie die Gemeinde aber mit hinein in das, was Ihnen Mut macht, zu hoffen und zu glauben. Lassen Sie andere das Feuer Ihrer Christusliebe spüren. Dabei ist es wichtig, dass der Predigende nicht gebeugten Hauptes vor sich hin monologisiert, sondern seinen Zuhörerinnen und Zuhörern in die Augen sieht. Manchmal lässt sich die Vielfalt der Glaubensperspektiven auch am besten durch eine Dialogpredigt, etwa zwischen einem Zweifler und einem Glaubenden, ausdrücken. (Lassen Sie beispielsweise einmal einen Theologen mit einem Feuerwehrmann über den brennenden Dornbusch diskutieren.)

3. Gerade die Taufe ist ein Fest des Glaubens. Die Grundsatzentscheidung: »Dieses Leben soll mit Gott geführt werden«, ist der Anfang schlechthin. Vor allem bei der Kindertaufe ist es dabei wichtig, nicht nur die Großartigkeit einer solchen Entscheidung, sondern auch und gerade die Wichtigkeit der gläubigen Gemeinde in diesem Geschehen zu betonen. Denn das Kind wird ja in die Gemeinschaft der Glaubenden aufgenommen. Aber auch das Kindliche am Glauben generell, passende Lieder, Bilder und Texte, kurze, freie Predigt – das alles fördert und trägt die Sehnsucht nach Glauben. Bei den Taufeltern und -paten helfen Gespräche und Taufbegleitungsprojekte, die auch das Kind von Anfang an in den christlichen Glauben »hineinführen« und den Beteiligten Mut machen, den Glauben zu fördern und zu wecken.

4. Die Eucharistie ist das geheimnisvolle, wunderbare, mit Gott Gemeinschaft spendende, zentrale Ereignis eines Gottesdienstes. Ein ganzheitliches Glaubensereignis könnten unsere Abendmahlsfeiern sein, bei dem das Herz, der Kopf, die Hände, die Füße, der Mund, die Nase und die Ohren, kurz alle Sinne mitschwingen – wenn wir es wirklich feiern und nicht so verkrampft ablaufen lassen würden. In der katholischen Messe entdecken wir bereits viele wunderbare und wundersame Elemente (Gewänder, Geläut, Weihrauch, Gebete), die das Staunen und gläubige Dabeisein ermöglichen, wenn sie nicht als leere Hülse praktiziert werden. Die Eucharistie ist, mitten im Gottesdienst, kein »Verstehenselement«, sondern ein reines Glaubensereignis, bei dem durchaus die verschiedenen Stufen und Zugänge des Glaubens (von der »Tischgemeinschaft der Brüder und Schwestern« bis hin zur »tatsächlichen Verwandlung von Brot und Wein«) mitschwingen dürfen. Es wird Zeit, dass wir das Abendmahl nicht als Element der (Kirchen-)Trennung, sondern als Element der Verbindung erfahren. Nimmt man den Begriff der Erlebnispädagogik ernst, dann könnte man das Abendmahl durchaus als Erlebnistheologie beschreiben (aber natürlich ist die Eucharistie weit mehr als das). Dieses Erlebnis gilt es zu gestalten, groß und schön zu machen, denn es weckt und nährt den Glauben so vielschichtig wie kein anderes Element des Gottesdienstes.

5. Betrachten Sie häufiger Texte der Bibel, die vom Wachsen des Glaubens erzählen. Etwa den Psalm 23, »Der Herr ist mein Hirte«. Hier meditiert ein Beter über das Gottesbild seiner Kindheit und wagt es später, in einem zweiten Schritt, diesen kindlich beschriebenen Gott in einer Krisensituation direkt anzusprechen: »Du bist bei mir ...« (d.h. er betet, er spricht mit Gott), dadurch macht er eine Glaubenserfahrung, die sein Gottesbild nachhaltig ändert. Er erfährt Gott nun als einen Freund, als einen mächtigen Verbündeten, der ihn selbst im Angesicht seiner Feinde gelassen das Leben genießen lässt. Es lohnt sich, einen ganzen Gottesdienst nur mit diesem Psalm zu gestalten. Verschiedene Stufen des Glaubens finden wir aber an vielen Stellen der Bibel beschrieben (Thomas, Nikodemus).

6. Auch das Vaterunser kann immer wieder zu einer Quelle des Glaubens werden: Mitten in der Bergpredigt, wo Jesus im Grunde eine Überforderung nach der anderen formuliert, nimmt er seine Freunde beiseite, bringt ihnen dieses wundervolle Gebet bei und sagt damit: Da, wo du nicht weiterweißt, da, wo du sagst: »Niemand kann seine Feinde lieben und ich schon gar nicht«, kannst du vor den Schöpfer des Kosmos treten und ihn persönlich mit »Vater« ansprechen und bitten: »Dein Reich komme, dein Wille geschehe«, »Komm du mit deiner Liebe, deiner Kraft und deinen Möglichkeiten hinein in meine Welt der begrenzten Möglichkeiten.« Und auf einmal wird Glaube und Christsein etwas ungemein Spannendes, denn ich werde zum Überschreiter meine eigenen Grenzen, bin auf dem Weg zu einem wachen und engagierten Menschsein, hin zu der Originalität, die Gott in mich hineingelegt hat.

7. Glauben ohne Erfahrung bleibt tot. Darum ist es so wichtig, Augenblicke zu gestalten, in denen Erfahrungen ausgetauscht werden können. Dazu zählen auch Gesprächsphasen mitten im Gottesdienst. Das kann aber auch einmal ein offenes Forum im Gemeindebrief sein: »Der Erfahrungsbericht«. Wir erzählen einander, berichten uns auch von unseren Zweifeln und Fragen. Keine Frage und kein Zweifel ist verboten. Das mag anfangs mit einigen Hemmungen ablaufen, die Menschen entdecken aber meist sehr schnell, wie heilsam und bewegend eine solche Offenheit ist.

8. Lassen Sie die Lieder neu zu Glaubenszeugnissen werden. Dazu ein Beispiel:

Ja, der Glaube gleicht dem Vogel,
der schon singt bei Dunkelheit,
und er streckt sich nach dem Morgen,
weiß, nun ist es bald so weit,
dass die Sonne licht und blendend
Angst und Düsternis vertreibt,
dass die Strahlen Wärme spenden,
Wärme, die tief in uns bleibt.

Das ist die Erfahrung der Christenheit über die Jahrtausende hinweg, dass das gesungene Gemeindelied, mit einem guten Text und einer schönen eingängigen Melodie uns tröstet und »Glauben spendet« – die Gemeinschaft der Gläubigen singt von dem, woran sie glaubt oder wonach sie sich sehnt und ausstrecken möchte. Singen Sie viel, vor allem auch viele neue geistliche Lieder. Ermutigen Sie die Gemeinde zu lautem und fröhlichem Gesang. Hierbei eignet sich die Gitarre besonders gut (face to face) als »Animierinstrument«. Und warum gehen Sie nicht einfach noch einen Schritt weiter: Ermutigen Sie begabte Menschen, einmal ihren Glauben in einen Liedtext zu fassen. Mancher Organist bekommt dann schnell Lust, dazu auch eine Musik zu komponieren.

9. Nutzen Sie möglichst viele Formen, um die Verbindung von Glauben und Alltag aufzuzeigen. Ein Anspiel etwa, im ersten Teil eines Gottesdienstes oder ein Meditationselement zur Predigt, das auf humorvolle und authentische Weise tatsächliche Glaubensfragen und -zweifel aufgreift, hilft uns, aus der Zuschauerrolle in ein gemeinsames Feiern zu kommen, da wir uns im Geschehen wiederfinden. Gerade die GoSpecial-Gottesdienste (siehe Anhang) haben mit dem Element Schauspiel sehr gute und wichtige Erfahrungen gemacht. Wir möchten Sie ermutigen, eine Schauspielgruppe in Ihrer Gemeinde zu gründen, die nicht nur ab und zu mal einen »Sketch« aufführt«, sondern richtig Spaß an der Professionalisierung von

Schauspiel hat. Je ernster Sie diesen Aspekt in Ihren Gottesdiensten nehmen, desto größer wird der Ansporn für Ihre Gruppe sein.

10. Der Segen »hüllt« mich ein in die Atmosphäre des Glaubens, gibt mir die Gegenwart Gottes, wie ich sie im Gottesdienst erleben durfte, mit auf den Weg. Der Segen ist der »Glaubensstups in den Alltag«, deswegen ist er auch für viele Menschen so wichtig. Die Menschen sehnen sich danach, gesegnet zu werden und gesegnet zu sein. Suchen Sie auch immer wieder nach neuen Formulierungen, die auch mit Ihrem jeweiligen aktuellen Thema zu tun haben. Hier einige Beispiele:

Segen zum Thema »Infit und Outfit«

Friede sei mit dir.

Dass dein Außen und dein Innen
mehr und mehr zusammenfinden,

dass das Hohe und das Tiefe,
das Gerade und das Schiefe
sich begegnen und ergänzen,

dass aus Freude und aus Trauer,
aus der Angst und aus der Wut
langsam wächst und bleibt auf Dauer
neuer starker Lebensmut.

Das und noch so vieles mehr
gibt der Friede Gottes her.

Friede sei mit euch allen.

Segen (Bistro-Gottesdienst)

Jede und jeder hat etwas dabei:
Musik und Texte, Essen und Trinken,
Pinsel und Farben, Bewegung, Licht
und Schweigen.

Aber auch: Angst und Trauer,
Freude und Hoffnung,
Liebe und Hass
und die Sehnsucht nach Gerechtigkeit.

Wir bringen es ein,
legen zusammen
und staunen:
Es reicht für alle.

Es segnet uns Gott, unser Vater,
der Sohn und der Heilige Geist.
Amen.

Kommunikation

Die Sehnsucht

Wir leben in einer mobilen Gesellschaft und die Möglichkeit, jederzeit praktisch überall auf der Welt akustisch und visuell präsent zu sein, ist seit einiger Zeit Ausdruck dieser Mobilität. Das weltweit geschaltete Internet ermöglicht den Zugriff auf weit entfernte Bibliotheken und andere Informationsangebote. Menschen treten zunehmend nicht nur per Telefon, Fax und Television, sondern auch über die Chatbox und e-mail in Kontakt. Der gute alte Brief, jahrhundertelang bewährtes »Fernkommunikationsmittel«, wirkt da schon fast ein wenig antiquiert. Zweifelsohne: Der Bereich »Moderne Kommunikation« boomt wie kein anderer. Seit mit dem 1. Januar 1998 in Deutschland die Monopolstellung der Telekom aufgehoben wurde, herrschen auch bei uns amerikanische Zustände. Mittlerweile sind es 50 bis 60 verschiedene »Netzanbieter«, die sich da auf dem Kommunikationsmarkt tummeln, von C-Netz, D1, D2 und e-plus ganz zu schweigen. Da kann dem normalen Verbraucher, der einfach nur wie gewohnt telefonieren möchte, ganz schön schwindelig werden.

Aber hinter all diesen technischen Möglichkeiten stecken ganz reale Sehnsüchte: Wir wollen nicht allein sein, wir wollen unsere Position auf dieser Erde bestimmen und wir wollen unser Bewusstsein erweitern. Das ist so natürlich, dass das Leben gar nicht anders denkbar ist. »Man kann nicht nicht kommunizieren«, wie Paul Watzlawick es betont. Im Gegenteil, wir brauchen Kommunikation zum Leben. Das Grauen erregende Experiment mit den Neugeborenen, die man zwar versorgte, mit denen man aber möglichst nicht bewusst kommunizierte, führte nicht nur zum Tod dieser Kinder, es zeigte sich auch, dass Verständigung so wichtig ist wie Nahrung. Wer nicht kommunizieren möchte oder kann, der verhungert. Erst im Gegenüber, mit dem wir kommunizieren, erkennen wir, wer wir selbst sind. Und wir wollen die Informationen, die um uns herum angeboten werden, nicht nur verstehen, wir wollen sie auch verarbeiten und nutzen. Kommunikation ist unser Schlüssel zur Welt, ja, zum Leben. Wir sind neugierig, wollen Erfahrungen austauschen und in Kontakt kommen. Gleichzeitig entwickelt sich ein Kult, der vermittelt: Derjenige, der häufig kommunizieren muss, ist wichtig. Überall da, wo Kommunikation scheitert, stehen Einsamkeit, Ohnmacht und Angst vor der Tür. Und weil jeder Mensch Momente kennt, in denen das Miteinander zweier Menschen völlig misslingt, sehnen wir uns nach gelingender Kommunikation.

Wo und wie erleben wir diese Sehnsucht im Alltag?

Im Herbst 1996 fand die größte Börsen- und Aktienwerbekampagne in der Geschichte der Bundesrepublik Deutschland statt. Medial und kommunikativ gekonnt inszeniert, ging die Firma Telekom mit einem gigantischen Aktienausstoß an die internationale Börse und mobilisierte so die Gelder von Millionen von Bundesbürgern, die bis dahin noch nie etwas mit der Börse zu tun hatten. Die vielen Talkshows, die Mitte bis Ende der 90er-Jahre buchstäblich »aus dem Boden schossen« – von Hans Meiser bis Jürgen Fliege – suggerierten dem geneigten Konsumenten vor allem eines: »Gelingende Kommunikation ist möglich« – »Endlich hört ihnen mal jemand zu, fragt nach, ist tatsächlich interessiert usw.«. Der persönliche Schwatz über den Gartenzaun wird ersetzt durch das endlose Kaffeekränzchen auf dem Bildschirm. Dabei wundert sich der manchmal ratlose Zeitgenosse nicht nur über die z.T. recht eigenartigen Themen, sondern vor allem auch darüber, dass ganz normale Menschen sich da auf die Tele-Psycho-Couch des Talkmasters setzen und scheinbar das unbedingte Bedürfnis haben, sich bundesweit »privatissime« mitzuteilen. Vielen scheint die ganz normale Schamgrenze völlig abhanden gekommen zu sein. Man denkt dann immer: »Komm du mal nach Hause, alle haben es gesehen und gehört – die Nachbarn, die Leute über dir und auch der mitteilsame Hausmeister.« »Früher«, so sagte mal kürzlich jemand »wollten die Leute in den Himmel kommen, heute wollen sie ins Fernsehen«.

Rasant wie ein Bazillus verbreiteten sich auch bei uns, kurz nach der Privatisierung des Telekommarktes, die Handys. Es gibt eine schöne Karrikatur, die einen Strafgefangenen in seiner Zelle zeigt, der gerade mit einem Handy telefoniert. Darunter steht: »Hauptsache mobil!«. Die Möglichkeit, überall und jederzeit erreichbar und kommunizierfähig zu sein, lässt z.T. absurde Situationen entstehen: »Sagt ein Handytelefonierender zu seinem Handygesprächspartner: ›Du ich muss jetzt auflegen – ich treff dich gerade.‹« Die Sehnsucht nach grenzenloser Kommunikation verhindert oftmals die direkte, aktuell wichtige und gelingende Kommunikation.

Die Sehnsucht im Gottesdienst

Sei es bei der Begrüßung, der Salutatio (Der Herr sei mit euch), dem Abendmahl, der Predigt, dem gemeinsamen Singen oder beim Segen: Der Gottesdienst ist kommunikatives Geschehen. Der eine spricht und singt dem anderen und Gott etwas zu, empfängt von anderen etwas und geht eine Beziehung ein – so entsteht ein Miteinander, das weit über den Einzelnen hinausgeht. Allerdings sollte man nicht vergessen, dass jedes der genannten Elemente in seiner Urform wirklich kommunikativ war, während heute meist nur noch ein schwacher Schimmer der ursprünglichen Lebendigkeit auf unserer Liturgie liegt. Kommunikation im Gottesdienst bedeutet letztlich, dass die Anwesenden nicht nur rezipieren, das heißt, sich etwas vormachen lassen, sondern selber aktiv beteiligt sind. In unseren Gottesdiensten herrscht oft eine Stimmung der Nachdenklichkeit, und das meint nichts anderes als: »Der eine denkt vor, die anderen müssen das nachdenken.« So war es aber nie gemeint. Wenn ich nicht am Gottesdienst beteiligt bin, kann ich ihn auch nicht feiern. Dazu kommt die Tatsache, dass ich überhaupt nur beteiligt sein kann, wenn ich wirklich verstehe, was da passiert, und es scheint bisweilen so, als mache sich die Kirche über die Komplexität und die Schwierigkeit unserer Liturgie (speziell für Kirchendistanzierte) überhaupt keine Gedanken.

Dazu ein »etwas frech« formulierter Erfahrungsbericht eines mit der Kirche nicht vertrauten Gottesdienstbesuchers:

»In einem großen, hohen, halbdunklen und hallenartigen Raum steht ein Mensch in einem schwarzen bis zum Boden fallenden Gewand. Vor mir sitzen, weitverstreut, etwa 25 meist ältere Menschen, steif und auf harten Bänken, ohne irgendeinen Kontakt zueinander. Der allzumächtige Klang einer plötzlich einsetzenden Orgel überdröhnt den ohnehin kläglichen Gesang unserer kleinen versprengten Schar. In einer Art liturgischem Autismus brummeln einige die Melodien und Texte, die sie offensichtlich kaum verstehen, aber wohl wegen seiner alten Form und Kirchensprache dennoch von sich geben. Der schwarzgewandete Mensch schlägt nun ein großes, ebenso schwarzes Buch auf und brüllt in den halligen Raum, dass er sich freut und die Gemeinde ganz herzlich begrüßt – ich fühle mich unangenehm berührt, denn so hat schon lange niemand mehr mit mir gesprochen und »herzlich« klang das auch nicht. Ich frage mich: Warum geht er nicht auf die einzelnen Menschen zu, begrüßt jeden, wir setzen uns im Kreis, kommen ins Gespräch, sin-

gen und beten miteinander, dazu sind wir doch alle hier. Oder nicht?
Die Menschen dürfen jedenfalls nicht auf den trägen Gruß antworten,
dabei geht es doch angeblich um Gemeinschaft. Der Mensch dort vorne
lässt sich aber nicht beirren: »Wir feiern diesen Gottesdienst am Sonntag Exaudi im Namen des Vaters, des Sohnes und des Heiligen Geistes.« Hat er »feiern« gesagt? Auf welchem Planeten bin ich hier eigentlich gelandet? Und wer, bitte schön, ist dieser Sonntag Exaudi und die
andern drei Herren? Ich verstehe nicht, was gemeint sein könnte. Wie
um alles in der Welt soll hier eine festliche Stimmung entstehen, sodass wirklich alle feiern können. Denn auch mit dem nun folgenden
Lied vermag die Feststimmung nicht so recht aufkommen. Die verteilte
Gemeinde verfällt wiederum in jenen seltsam introvertierten Brummel-
singsang: ›Ich lobe dich von ganzer Seelen, dass du auf diesem Erden-
kreis dir wollen eine Kirch' erwählen zu deines Namens Lob und Preis,
darinnen sich viel Menschen finden in einer heiligen Gemein, die da
von allen ihren Sünden durch Christi Blut gewaschen sein‹ (Bayr. EKG
214). Ich verstehe wieder nicht, was gemeint ist, finde aber, dass sogar der Kebab-Verkäufer, gleich schräg gegenüber der Kirche, mittlerweile besseres Deutsch spricht als: ›Du dir wollen eine Kirch erwählen
…‹ Doch ehe man weiter überlegen kann, brüllt es von vorne: ›Wir wollen beten‹ – Nichts davon stimmt. Mit ›Wir‹ bin ja wohl auch ich gemeint,
und ich ›will‹ im Moment etwas ganz anderes, auf jeden Fall nicht ›beten‹, ich würde gerne mal über diesen eigenartigen Liedtext reden, den
verstehe ich nämlich nicht, aber WIR sind schon aufgestanden (ruckar-
tig), ich konnte gar nicht anders, obwohl bei unserem versprenkelten
Singledasein in dieser Kirche wohl kaum von ›Gruppenzwang‹ gesprochen werden kann. Der Mensch in Schwarz liest ein Gebet ab, heißt
Beten nicht eigentlich ›mit Gott reden‹, ich meine, wenn ich mit meinem
Vater sprechen wollte oder sprach, dann habe ich das einfach getan,
wenn ich etwas Bestimmtes wollte, dann habe ich mir genau überlegt,
wie ich es sage und was ich sage – aber aufgeschrieben habe ich es
nie. Doch er liest eine Sprache, die man so heute nicht mehr spricht
(deshalb musste er es wohl auch aufschreiben, weil er ja sonst auch
nicht so redet): Da ist von Lob, Ehre, Preis, Gnade und wunderbarer

Freude die Rede, von einem Thron des Höchsten und von einem Lamm. Ich verstehe es nicht, merke nur, dass die ›wunderbare Freude‹ eine sehr verborgene, innere Freude sein muss, denn die monotone Stimme des Beters lässt keinerlei Freude aufkommen. Nach einigem Hin und Her, nachdem wir uns nochmals gesetzt haben, nochmals aufgestanden sind, uns wieder gesetzt und noch einen unverständlichen Text versungen haben, erscheint über uns und weit entfernt der Schwarzgewandete in einer Art Bütt und wünscht uns ›Gnade und Friede‹ – ich verstehe nicht ganz warum, wird es denn so schlimm? Er liest einen mir unbekannten Text aus der Bibel, einen ziemlich langen Text, wieder mit vielen alten Formulierungen. Warum habe ich den Text nicht vor mir, dann könnte ich mitlesen und mehr mitbekommen? Der Prediger hat zu Ende gelesen und brüllt nun zu uns herunter, dass er seine Probleme gehabt habe mit diesem Text und eigentlich nicht über diese ›Perikope‹ predigen wollte. Dann soll er es doch lassen. Noch ehe ich weiterüberlegen kann, was eine ›Perikope‹ wohl sein mag (klingt wie ein griechischer Nudelauflauf), bekennt er, dass er sich trotzdem dem Text ›gestellt‹ habe und, dass er uns nun ›mit heineinnehmen wolle‹. Mir wird schon wieder so unangenehm zumute. Und dann hört es nicht mehr auf. Er redet und redet – an mir vorbei. Immer wieder heißt es: ›Geht es uns letztlich nicht allen so ...‹ Aber mir ging es noch nie so. Es folgen drei Beispiele, in denen ich mich auch nur spärlich wiederfinde, und dann verschwindet der Prediger hinter seinem Konzept, sieht nicht mehr uns, seine Gemeinde, sondern nur noch seine Blätter und Sprachungetüme, spricht über Dinge, die ich nicht kenne, benutzt Worte, die mir nicht geläufig sind, bringt historische Anmerkungen, die mich nicht interessieren, die er jedoch für ›hochinteressant‹ und für äußerst ›bedenkenswert‹ hält und beantwortet lauter Fragen, die ich und die andern wohl kaum gestellt haben ... Wovon soll ich noch berichten? Von dem 20 Jahre alten, so genannten ›Neuen geistlichen Lied‹, das nach der Predigt kommen sollte, aber für das die Orgel als Begleitinstrumtent überhaupt nicht taugte, oder soll ich von nicht enden wollenden Fürbitten berichten, innerhalb derer der Beter versuchte, das ganze Weltgeschehen in einem Rundumschlag zu erfassen. Nur ich kam

144

nicht drin vor. Als er uns auch noch dazu aufforderte, dass wir uns gegenseitig den Frieden Gottes zusprechen sollten, nutzte ich die ohnehin weiten Wege des Raumes, um aus dieser Kirche zu fliehen ...«

Leider ist so ein Text viel mehr als nur Realsatire, er ist erschreckend. Wir müssen endlich lernen, Gottesdienste mit den Augen Neugieriger zu sehen. Denn das wäre echte Liebe. Wir würden niemals ein spanisches Buch lesen, wenn wir kein Spanisch können, aber wir erwarten, dass Menschen einen Gottesdienst mitfeiern, in dem ihnen auch vieles spanisch vorkommt.

Die Wiederentdeckung der Sehnsucht

Meist hapert es ja schon an den Äußerlichkeiten: Die Sitzgelegenheiten (die Bänke) in unseren Kirchen sind meist so angeordnet, dass sie die oben karikierte Einwegkommunikation begünstigen. Vieles in Sachen Kommunikation im Gottesdienst wird leichter und selbstverständlicher, wenn wir die Innenarchitektur unserer Kirchen verändern (siehe »Die Sehnsucht nach Geborgenheit: ›..haut die alten Bänke raus!‹«), sodass man ganz selbstverständlich mit unterschiedlichen kommunikativen Formen arbeiten kann. Hat man »seine Kirche« mit einem strapazierfähigen Teppichboden und beweglichen Stühlen ausgestattet, so kann man ganz leicht einen großen Kreis oder mehrere kleine Kreise bilden, die Leute an Bistrotische setzen oder die Stühle einmal ganz wegpacken. Sie merken schon, wie sich nur aufgrund dieser unterschiedlichen Möglichkeiten sofort wesentliche kommunikative Vorstellungen und Wünsche realisieren lassen. Deshalb sagen wir es hier noch einmal: Die Verwirklichung neuer, wirklich relevanter Gottesdienstformen hängt (natürlich nicht ausschließlich) auch von der kommunikativen Umgestaltung unserer Gottesdiensträume ab. Übrigens lässt sich nachweisen, dass die überwiegende Mehrheit wachsender Gemeinden sehr früh auch bauliche Veränderungen vorgenommen hat. Oft hat auch die Geschichte manche Traditionsbauten längst überflüssig gemacht. Ein ganz einfaches Beispiel: In Frankfurt gibt es riesige Kirchen, in denen zwischen 600 und 1000 Menschen Platz hätten, es kommen aber nur 30 an einem Sonntagmorgen. Da kann man sich nicht wohl fühlen. Was mache ich mit den Besuchern, und was mache ich mit diesem Riesenraum? Am besten wäre doch: Wir setzten uns in einen schönen Nebenraum im Kreis, schauten einander an, stellten uns einander vor, sängen, beteten und kämen ins Gespräch miteinander. Nun sagt die eine oder der andere vielleicht: »Ja, aber viele oder manche Leute mögen das nicht, die behalten lieber die steife dezent festliche Anonymität.« Darauf kann man nur sagen: Dazu ist ein Gottesdienst nicht da, dass er in eine steife, festliche Anonymität »hüllt« – das könnte höchstens einmal eine besonders klassisch oder meditativ geprägte Sonderform von Gottesdienst sein, aber auf keinen Fall die Normalform. So hat es Jesus nie gewollt, im Gegenteil: Er hat in aller Deutlichkeit hohl gewordene Rituale bekämpft, die nur feierliche Stimmung und nicht befreiendes Evangelium vermitteln. Wichtig ist, dass wir, wenn wir uns einen kommunikativen Gottesdienst wünschen, dies auch behutsam kommunizieren, d.h. vermitteln, und Sie werden sehen, Ihre Schreckgespenster verfliegen. Ohne die Bänke, mit beweglichen Sitzgelegenheiten, haben Sie auch ganz andere Möglichkeiten bei Familiengottesdiensten, Krabbelgottesdiensten, Bistro-Gottesdiensten, Jugendmessen und Taizé-Gottesdiensten.

Die Liturgie eines Gottesdienstes hat ganz bewusst sehr unterschiedliche Elemente, die per se schon Botschaften in sich tragen (z.B. ist das Kyrie nicht geeignet, eine fröhliche und lockere Stimmung zu verbreiten). Ich kann mir also vor der Planung eines Gottesdienstes überlegen: WER sagt WAS mit WELCHEM MITTEL zu WEM mit WELCHER WIRKUNG und dementsprechend die jeweiligen Elemente der Liturgie noch stärker und effizienter herausarbeiten.

1. Wieder beginnt alles im Eingangsbereich: Werde ich optisch, akustisch und atmosphärisch herzlich empfangen? Ist die Gestaltung so, dass ich wirklich Lust bekomme zu bleiben? Oft sind die Eingänge und Vorräume von Kirchen dunkel, hallig und muffig. Gibt es Menschen, die mich begrüßen und die mit mir kommunizieren, die mir helfen, mich in dieser Kirche zurechtzufinden oder rechnet Ihre Gemeinde gar nicht mit neuen und vielleicht kirchlich fernstehenden Besuchern? Bei einer Umfrage, die wir machten, erzählten viele Menschen, sie seien einmal in der Kirche gewesen, hätten niemanden gesehen, an den sie sich als Ansprechpartner hätten wenden können, und seien deshalb enttäuscht beim nächsten Mal zu Hause geblieben. Bestimmen Sie eine Person, die deutlich erkennbar für Anfragen, Kontakte, Beschwerden oder Anregungen da ist.

2. Nutzen Sie die Musik: Lieder einzuüben, kann unglaublich kommunikativ und humorvoll sein. Hier ist die Gitarre, wenn sie halbwegs rhythmisch gespielt wird, ein echtes Gottesgeschenk, weil ich mit diesem Instrument wirklich, locker durch die Reihen wandernd, Melodien einüben und andere mitreißen kann. Nehmen Sie sich die Zeit, Lieder wirklich in Ruhe anzusingen, die Texte zu erklären und zu einer Erfahrung zu machen. Benutzen Sie dabei beispielsweise einen Kanon, denn diese Liedform lebt ja geradezu davon, dass wir aufeinander hören und sehen, dass wir gemeinsam ein Lied, einen Vielklang gestalten. Es gibt viele Lieder mit Bewegungen, die auch gemeinsam mit den Kindern gestaltet werden können (»Alles muss klein beginnen«, »Er hält die ganze Welt«, »Vom Aufgang der Sonne«, »Gott spannt leise feine Fäden« etc.). Auch Gestaltungslieder sind immer besonders schöne kommunikative Ereignisse, bei denen wir einander anlachen, ansingen und anfassen. Viele Lieder haben die Kommunikation zum Thema (»Wo zwei oder drei«, »Aufstehn aufeinander zugehn« etc).

3. Gestalten Sie regelmäßig Talkrunden – auf dem Weg zu einer mündigen Gemeinde. Bei unseren Bistro-Gottesdiensten machen wir gute Erfahrungen damit, dass ein Moderator ein Gespräch mit einem besonderen Gast (z.B. beim Thema »Outfit« eine Frisörmeisterin) beginnt und nach etwa zehn Minuten die Gemeinde mit einbezieht und auffordert, Fragen zu stellen und eigene Beiträge zu bringen. Die Predigt greift dann die Elemente des Gespräches nochmals auf und kommentiert sie aus der Sicht der Bibel.

4. Prüfen Sie auch hier immer wieder den Sinn für Humor: Befragt man nach einem Gottesdienst die Menschen, was sie am meisten vermissen, so erhält man regelmäßig die Antwort: »Humor, wir vermissen den Humor.« Sigmund Freud hat einmal gesagt: »Wer lacht, legt seine Rüstung ab.« Darum geht es u.a. in einem Gottesdienst, dass wir unsere Rüstungen und Panzer ablegen (können), weil wir die Kirche und den Gottesdienst als einen wohl tuenden Schutzraum erfahren. Humorvolles, Auflockerndes sollte unbedingt im Gottesdienst vorkommen. Gerade beim Einüben von Liedern, bei der Begrüßung, bei der Predigt oder beim »Infoblock« kann man problemlos »Humorvolles« einfließen lassen und damit zeigen, dass Fröhlichkeit und Würde keineswegs im Widerspruch zueinander stehen.

5. Prüfen Sie alle Elemente auf ihre Klarheit hin. Können alle Anwesenden mitfeiern? Sage ich die einzelnen liturgischen Elemente an oder mache ich sie erst mit einer Erklärung auch für Außenstehende nachvollziehbar und mitfeierbar? Ist jede Aufforderung im Gottesdienst eine ehrlich gemeinte Einladung? »Kommt, es ist alles bereit!« Ist die Pause (zum Aufstehen) lang genug oder bete ich einfach los und verhindere so die gemeinsame Kommunikation mit Gott? Denn das ist schließlich das hohe Ziel jedes Gottesdienstes, dass wir mit Gott kommunizieren. Außerdem: Auch so mancher langjährige Gottesdienstbesucher ist äußerst dankbar, wenn man ihm hin und wieder sagt, warum er das Vaterunser spricht und woher die Kultur des Segnens stammt.

6. Schaffen Sie auch äußere Rahmenbedingungen für Kommunikation. Laden Sie die Menschen ein, vor und nach den Gottesdiensten miteinander ins Gespräch zu kommen, stellen Sie ruhig einmal eine Frage als Prediger oder Liturg und lösen Sie sich aus dem Altarraum, um bei den Menschen zu sein. Zu diesen äußeren Formen gehören auch die Räume für die Stille, in der wir mit unserem Inneren und mit Gott (ganz für uns) kommunizieren können. Diese bewusst gesetzten Pausen passen überall hin, denn jedes Element der Liturgie verdient es, noch einmal ganz persönlich durchdacht und nachvollzogen zu werden. Mögliche Einschnitte wären also: nach dem Kyrie, innerhalb der Predigt, beim Abendmahl oder innerhalb der Fürbitten. Was im Gottesdienst gilt, sollte aber auch für das Drumherum gelten: Richten Sie doch einfach einmal eine Kommentarwand in Ihrer Kirche ein: »Das hat mir heute gefallen, das hat mir nicht gefallen, das habe ich nicht verstanden, das würde ich gerne einmal im Gottesdienst erleben usw.« In dem Augenblick, in dem die Verantwortlichen in der Gemeinde deutlich machen, dass sie offen sind für Anregungen und Kritik, werden sie auch erleben, wie viele Wünsche und Sehnsüchte vorhanden sind.

7. Die Predigt ist per se ein kommunikatives Ereignis, bei dem der Prediger eben nicht einsam auf der Kanzel über ein steiles oder dürres Manuskript gebeugt vor sich hin palavert. Versuchen Sie als Prediger, so oft wie möglich frei zu predigen. Lernen Sie Ihr Manuskript auswendig und schauen Sie, ob Sie mit dem, was Sie sagen wollen, Ihren Zuhörern auch in die Augen sehen können; wenn nicht, dann sagen Sie in Ihrer Predigt nur das, was sie wirklich glauben und kommunizieren wollen, und zwar Auge in Auge. Machen Sie sich die so genannten »Vier Ohren«, mit denen ein aufmerksamer Gottesdienstbesucher (und den wünschen wir uns doch!?) Ihre Predigt verfolgt, bewusst. Es handelt sich dabei um ein Wahrnehmungsmodell aus der Kommunikationslehre, das verdeutlicht, worauf Menschen achten, wenn Sie kommunizieren:

1. Ohr: Was ist das für ein Mensch? Was ist mit ihm? (Haltung, Mimik, Körpersprache, Unsicherheit usw.)
2. Ohr: Wie ist der Sachverhalt zu verstehen?

3. Ohr:	Wie redet der eigentlich mit mir? Wen glaubt er vor sich zu haben? Welches Bild hat der von mir?
4. Ohr:	Was soll ich tun, denken, fühlen aufgrund seiner Mitteilung?

Wir vermitteln ja mit einer Predigt viel mehr als nur Informationen. Und es ist unendlich schade, wenn inhaltsreiche Predigten den Zuhörer gar nicht erreichen, weil er vorher durch mangelhafte Präsentation zum Abschalten neigt. Wenn Sie in der Wahrnehmung solcher Kommunikationsprozesse ungeübt sind, suchen Sie sich Menschen, die Ihnen ehrliche Rückmeldungen geben. Es ist übrigens kein Zufall, dass in allen Programmen, die öffentliches Auftreten üben, Videoaufzeichnungen des eigenen Vortrags selbstverständlich dazugehören. Und fast alle Redner sind überrascht, wenn Sie sich selbst sehen und entdecken, dass sie ganz anders wirken, als sie dachten.

8. Entdecken Sie die Fürbitten neu: Wenn wir als Prediger in eine Gemeinde kommen, die wir nicht kennen und nicht nur für die Predigt, sondern auch für die Fürbitten zuständig sind, dann setzen wir uns manchmal vor Beginn des Gottesdienstes in die Kirchenbänke und befragen einzelne Gemeindeglieder, wofür man bei den Fürbitten denn beten solle. Das ist ein schöner kommunikativer Prozess, bei dem einzelne Gottesdienstbesucher von Anfang an merken: Ich bin an diesem Gottesdienst beteiligt, ich komme in diesem Gottesdienst mit meinen ureigensten Fragen und Anliegen vor. Oder teilen Sie vor dem Gottesdienst Zettel und Stifte aus, auf die die Gemeinde ihre Anliegen schreiben kann und sammeln Sie diese Gebets-Vorschläge während eines Liedes ein. Auch ein dauerhaft angebrachter Gebetskasten, in den man Anliegen werfen kann, wird nach anfänglichem Zögern meist sehr intensiv genutzt.

9. Das Abendmahl ist das kommunikative Urereignis des Gottesdienstes: Denken Sie an die unterschiedlichen Wahrnehmungen. Beim Abendmahl haben Sie die seltene Gelegenheit, den

Geschmacks-, den Geruchs- und den Tastsinn wohl tuend anzusprechen. Das Abendmahl ist das einzige Element, bei dem alle fünf Wahrnehmungen zu ihrem Recht kommen. Darum unsere Bitte: Feiern Sie wirklich, suchen Sie nach guten Worten, überfordern Sie die Menschen nicht mit hochliturgischen Formeln, sondern gestalten Sie das Ganze zugewandt und menschlich. Nur dann kann sich auch ein Friedensgruß harmonisch entfalten, wenn das Davor und Danach ebenfalls herzlich und freundlich gestaltet wurden, andernfalls wirkt der Friedensgruß eher abschreckend (siehe die beschriebene Gottesdienstpersiflage).

10. Wenden Sie unterschiedliche Kommunikationsformen auch für die Kernelemente des Gottesdienstes an: Das Vaterunser lässt sich wunderbar singen, tanzen oder in der Gehörlosensprache mit Gebärden kommunikativ gestalten und somit neu erleben. In vielen Gottesdiensten und Messen wird dieses tiefgründige Gebet praktisch »heruntergerasselt«, ohne dass den Betenden tatsächlich noch bewusst wäre, WAS sie da eigentlich beten; und das ist schade, denn dieses Gebet ist wahrhaft ergreifend. Es lohnt sich, einzelne liturgische Stücke in der Predigt aufzugreifen und zu erklären. So könnte man auch einmal eine Predigtreihe über das Vaterunser starten. Das Gleiche gilt für den Sendungsteil des Gottesdienstes: Der Segen ist ein wunderbarer Abschluss, zelebrieren Sie ihn. Lassen Sie die Gemeinde aufstehen, sich noch einmal anschauen oder bei den Händen fassen. Sprechen Sie frei und zugewandt, vielleicht auch einmal mit einer aktuellen, auf das Thema des Gottesdienstes bezogenen Formulierung und singen Sie gleich anschließend Hand in Hand noch ein schönes, getragenes Segenslied (»Komm, Herr, segne uns«, »Bewahre uns Gott«, »Sei behütet«, »Der Herr segne dich« etc.). Machen Sie den Leuten auch einmal Mut, sich gegenseitig zu segnen. Fördern Sie das Gemeinschaftserlebnis, sodass die Menschen Lust haben, am nächsten Sonntag wiederzukommen.

Erfahrung

Die Sehnsucht

Jeder Mensch möchte spüren, dass er lebt, dass er sich entwickelt und seine Grenzen austesten kann. Er will aktiv werden und nicht nur in seiner Phantasie Abenteuer erleben. Gerade in einer Zeit, in der wir immer mehr verkopft arbeiten, uns von Fernsehhelden etwas vorleben lassen und nicht wissen, wie die vielen drängenden – etwa die ökologischen und ökonomischen – Fragen unserer Zeit gelöst werden sollen, sehnen wir uns nach echten Erfahrungen. Natürlich sind wir den ganzen Tag mit neuen Eindrücken und Personen konfrontiert, ins Gedächtnis prägen sich aber in der Regel vor allem die Momente ein, die von der Routine abweichen. Wir würden nie das morgendliche Zähneputzen oder den normalen Besuch bei der Bank als eine wichtige Erfahrung empfinden; aber jede Kleinigkeit, die uns überrascht, infrage stellt, zu einer Entscheidung drängt oder uns existenzielle Aspekte des Lebens verdeutlicht, lässt uns innehalten und bewusst werden, was und wer wir sind.

Denn darum geht es: Eine Erfahrung ist etwas ganz Subjektives, Persönliches und Privates. Über Wahrheiten kann man streiten, über eine Erfahrung niemals. Sie ist einfach da und zeichnet unsere Existenz aus. Niemand kann uns eine Erfahrung wieder nehmen. Sie gehört uns ganz allein und wird zum sichersten und kostbarsten Schatz, den wir haben. Erst durch unsere Erfahrungen werden wir zu Individuen. Da, wo wir den Herausforderungen des Lebens begegnen, erkennen wir unsere Möglichkeiten und Grenzen. Da erhält unser Dasein seinen Rahmen und seine Gestalt. Nicht nur viele alte Menschen leben aus ihren Erinnerungen, weil sich darin ihr Leben widerspiegelt. Aber Erfahrungen verleihen unserem Leben auch Struktur. Anhand bestimmter Ereignisse können wir Entwicklungen in unserem Leben festhalten, ja, es scheint sogar so, als sei der Mensch in verschiedenen Lebensphasen auf verschiedene Erfahrungshorizonte angelegt: Taufe, Schule, Pubertät, Schulabschluss, Prüfungssituationen, Partnerschaft, Familie, Beruf, Etablierung und einige andere prägende Zeiten. Viele Menschen legen nach ihrem fünfundzwanzigsten Lebensjahr keine Prüfung mehr ab, erinnern sich aber ein Leben lang an die Gefühle und Ängste, die sich damit verbanden. So sucht sich der Mensch unabhängig von seinem Alter immer neue Formen, um seinen Erfahrungshorizont zu erweitern.

Das, was für alle Lebensbereiche gilt, trifft natürlich in besonderem Maße auf den Glauben zu. Niemand kann sich nur intellektuell mit Gott auseinander setzen, ohne dass das in seinem Leben spürbare und erlebbare Konsequenzen hätte. Natürlich gibt es auch das immer wieder, aber es ist dann wirklich traurig. Ein Glauben, der nichts in mir verändert, ist nicht nur wirkungslos, er ist eigentlich nicht vorhanden oder hängt wie ein uneingelöster Scheck hinter Glas im Wohnzimmer. Wir haben leider allzu häufig verlernt, in unseren Kirchen Glauben mit Leben zu füllen. Die Menschen, die Jesus begegneten, stellten ihre Existenz auf den Kopf, verließen manchmal sogar Familie und Eigenheim, weil sie plötzlich von einer neuen Lebensquelle erfüllt waren, die alles Vorhergehende in den Schatten stellte. In den meisten Fällen ist Glauben ohnehin nur als Erfahrung der Nähe Gottes lebbar. Womit nichts gegen eine kontemplative, aber alles für eine den Alltag prägende Glaubensform gesagt werden soll.

Wo und wie erleben wir diese Sehnsucht im Alltag?

Menschen suchen begierig nach Erfahrungen, gerade jetzt um die Jahrtausendwende. Davon zeugen nicht nur die Extremsportarten, bei denen sich bisweilen wohl situierte Menschen von Felsen stürzen, über die Kart-Bahn hetzen, ohne Sicherung in Steilwänden herumklettern, auf Rollerblades Loopings drehen oder an Gummiseilen von Brücken springen. Je gefährlicher ein Spektakel zu sein scheint, desto begehrter ist es. Wir wollen uns und der Welt beweisen, dass wir existieren und über uns hinauswachsen können. Und so mancher Geschäftsmann holt nach Dienstschluss seinen Motorradhelm aus dem Schrank oder seinen Privatflugzeugführerschein, um sich seiner selbst bewusst zu werden. Natürlich gibt es auch viel weniger aufwendige Möglichkeiten wie Opern- und Konzertbesuche, Feiern, Ausflüge, Hobbys oder ähnliche Möglichkeiten, um in die wiederkehrenden Elemente des Alltags ungewöhnliche Erfahrungen zu bringen.

Auch das Internet verspricht neben einer Flut von neuen Informationen in erster Linie eine virtuelle Welt, in der ich mich ohne großen Aufwand auf dem Bildschirm an jeden Ort der Welt, in jede denkbare Situation und in jede gewünschte Gesellschaft begeben kann. Die Anbieter werben damit, dass dabei ganz neue Erfahrungsebenen eröffnet werden. Und selbst der sich gänzlich unbedeutend fühlende Langweiler kann im Netz bei einem äußerst realistisch gestalteten Adventure-Game zum Helden und Übermenschen werden. Dass bei dieser gesellschaftlichen Veränderung immer auch das Bewusstsein für Ethik und Mitmenschlichkeit angegriffen wird, zeigt etwa die zunehmende Anzahl von Gaffern bei Katastrophen, die sogar bewusst Rettungsmaßnahmen behindern, nur um einen Blick auf das Unglück anderer zu bekommen. Leid als Erfahrung.

Neben diesen eher ungewöhnlichen Formen, zeigt sich unsere Sehnsucht nach Erfahrungen aber in erster Linie in einem großen Bemühen, Kleinigkeiten vor uns selbst zum Erlebnis zu erheben. Es fällt uns schwer, unser Versagen, das Misslingen eines Unternehmens oder gar dessen Bedeutungslosigkeit einfach einmal zuzugeben. Wir versuchen immer wieder, gerade gegenüber Freunden und Bekannten, unsere kleinen Alltagserlebnisse als großartige Erfahrungen darzustellen.

Die Sehnsucht im Gottesdienst

Die ersten Christen kamen zusammen, um einander von ihren Erlebnissen mit Gott zu berichten. Darum bestanden auch die Predigten anfangs mehr oder weniger aus persönlichen Erfahrungsberichten der Versammelten, die mit ihren Beispielen den anderen Mut machten und sie aufforderten, sich ebenfalls auf diesen Gott einzulassen. Heute spielen die persönlichen Erfahrungen der Gemeindemitglieder im Normalfall im Gottesdienst überhaupt keine Rolle mehr. Es gibt auch keinen Ort in der traditionellen Liturgie, in der sie zur Sprache kommen könnten. Natürlich kann jeder im stillen Gebet seine privaten Gedanken vor Gott bringen, als gemeinschaftsbildendes Element werden sie aber nicht mehr beachtet. Dabei würde sich in einer Kirche, in der weniger über als mit den Menschen gesprochen wird – auch und gerade im Gottesdienst – vieles ändern. Hier könnte Leben geteilt und miteinander bewältigt werden. Denn der christliche Zugang zu unserer weltlichen Existenz ist ja gerade der, dass wir es nicht mehr nötig haben, unsere Erfahrungen zu beschönigen, um darin Sinn zu finden. Ein Ort, an dem auch offen über Versagen oder das Nichtvorhandensein von (Glaubens-) Erfahrungen gesprochen werden könnte, wäre ein Geschenk.

Aber es geht natürlich nicht nur um das Austauschen und Reflektieren von Erfahrungen, der Gottesdienst selber soll und kann ein Ort der Erfahrung sein. Schlimm, wenn er es nicht wäre. Da, wo Menschen zusammenkommen, um ihrem Gott in der Gemeinschaft ganz nahe zu sein, ist es eigentlich unabdingbar, dass auch etwas passiert. Wenn Jesus sagt: »Wo zwei oder drei zusammen sind, da bin ich mitten unter ihnen«, dann verspricht er die Erfahrung seiner Anwesenheit in jedem Gottesdienst. Und natürlich ist sich die klassische Liturgie dessen auch bewusst. Abendmahl, Segenshandlungen, Gebete, Glaubensbekenntnis, Gesänge und auch die Predigt setzen die Anwesenheit Gottes voraus und bekommen erst darin ihren Sinn. Ob die Präsenz des Höchsten immer erwartet und erfahren wird, ist natürlich eine andere Frage.

Die Wiederentdeckung der Sehnsucht

Ein amerikanisches Sprichwort sagt: »Gut gefütterte Schafe laufen dem Hirten nicht davon.« Dass in manchen Gegenden immer weniger Menschen in die Kirche kommen, hat leider auch damit zu tun, dass sie nicht genügend Futter bekommen. Oder um es klar zu sagen: dass sie einfach keine Erfahrungen mit Gott machen. Schon gar nicht in der sonntäglichen Feier. Darum müssen wir versuchen, unsere Gottesdienste als Feste zu gestalten, in denen die in der Bibel versprochene Gegenwart Gottes nicht nur gestaltet, sondern auch konkret ge- und erlebt wird. Erstaunlicherweise erschrecken viele Leute, wenn man ihnen Mut macht, sich einmal ganz oder ganz neu auf Gott einzulassen. Die Angst, eingetretene Pfade zu verlassen, ist bei uns offensichtlich bisweilen größer als der Wunsch, Gott persönlich zu begegnen. Da aber die Sehnsucht nach Erfahrungen nicht unterdrückt werden kann, sind wir dann natürlich mit unserem Glauben doch unzufrieden. Oder wir beschränken unsere Erfahrungen ganz auf die Privatsphäre. Es gibt so viele Menschen, die in schweren Stunden bei Gott Trost gefunden haben oder ihr Leben immer als einzigartiges Dasein unter seiner Begleitung erfahren haben, die aber gar nicht auf die Idee kommen, dass der richtige Ort für Dankbarkeit und Lob eigentlich der Gottesdienst sein sollte.

1. Bauen Sie in Ihre Liturgie Momente ein, die wirklich für Gottesbegegnungen da sind. Das kann das gemeinsame Singen von Lobliedern sein, aber auch einfach ein Moment der Stille oder des Gebetes. Wir können Gotteserfahrung selbstverständlich nicht »organisieren«, aber wir können üben, hellhörig und weitsichtig zu werden. Und das braucht Zeit. Spielen sie eine ruhige Musik ein, löschen Sie das Licht oder tragen sie mit anderen gestaltenden Elementen dazu bei, dass man sich konzentrieren kann. Eine Erfahrung mit Gott lässt sich nicht nur eben so zwischen zwei schnell aufeinander folgenden Elementen erledigen. Vielleicht singen Sie auch einfach einmal drei bis vier Anbetungslieder in Folge, um so überhaupt ein Bewusstsein für die Möglichkeit von Erfahrungen zu schaffen.

2. Weisen Sie bei den traditionellen Elementen immer wieder auf die Präsenz Gottes hin. Schon Nehemia war überzeugt, dass man die wichtigsten Grundlagen einer Vision mindestens einmal im Monat wiederholen sollte, weil sie sonst auch bei den Überzeugtesten an Kraft und Tiefe verliert. Es kann gewiss nicht schaden, auf Jesu Gegenwart regelmäßig hinzuweisen. Nutzen Sie aber auch den wunderbaren Aufbau der klassischen Liturgie, um die Menschen einzuladen. Das *Votum* ist die Verheißung von Gottes Nähe, der *Psalm* das In-Beziehung-Setzen zur Segensgeschichte der Vergangenheit und der Gegenwart, das *Kyrie* ein Loslassen des Alltags und das *Gloria* der Wunsch, die Größe Gottes zu feiern. Eigentlich ist diese Abfolge eine in sich schlüssige und klare Vorbereitung auf Gott, wenn wir sie nur umsetzen. Aber diesen Prozess, in dem wir ankommen, befreit werden und schließlich die Nähe Gottes erfahren, müssen wir auch wollen und zulassen.

3. Schaffen Sie ein Bewusstsein für die richtigen Dimensionen. Manche Menschen erwarten von Gott, dass er jedes Mal Berge versetzt und es ihnen ermöglicht, über den Rhein zu laufen. Wir müssen lernen, unser Leben so bewusst zu gestalten, dass wir hellhörig für die Spuren Gottes werden. Und wenn jemand ganz individuell erfahren hat, wie Gott in einer problematischen Situation Kraft und Mut gegeben hat, dann soll er auch darüber sprechen. Wir müssen endlich aufhören, über den Glauben an sich zu reden und anfangen, seine Auswirkungen auf das pralle Leben zu erkennen. Noch einmal: Haben Sie auch den Mut, *Einzelsegnungen* mit ganz persönlichen Anliegen auszufüllen. Jede Christin und jeder Christ braucht Segen und jeder ist berechtigt, Segen auszuteilen. Viele Gemeinden, die – etwa parallel zum Abendmahl oder im Nachhinein – das Angebot der Einzelsegnung machen, erleben eine geistliche Erneuerung ihrer Mitglieder. Dabei will niemand die Gültigkeit der allgemeinen Segensformeln infrage stellen, es ist aber doch etwas anderes, wenn ich mit einem persönlichen Anliegen zu einem Segnungsteam komme, das dann für mich betet und mich segnet.

4. Nutzen Sie alle Möglichkeiten, um sinnliche Wahrnehmungen zu unterstützen. Ein Vaterunser, das mit einer Pantomime unterlegt ist, gewinnt ungeheuer an Tiefe und lässt die Erfahrungen des Psalmisten so hervortreten, dass wir daran teilhaben. Gemeinsames Agapemahl, das Bilden eines Kreises nach dem Abendmahl, in dem man sich an den Händen nimmt, das Austeilen von Kerzen, Anspiele der Firmlinge oder Konfirmanden, die Arbeit mit verschiedenen Formen von Licht in der Kirche, Osterfeuer, gemeinsames Schmücken des Weihnachtsbaumes, ein Zug der Gemeinde zur Krippe, das Darbieten eines lebendigen Kreuzwegs mit Schauspielern, die Jesusworte rezitieren: Das alles sind nur einige Vorschläge, wie man den Menschen als Ganzes ansprechen kann. (Siehe auch »Sehnsucht nach Gestaltung« und »Sehnsucht nach Kommunikation«.)

5. Lassen Sie die Menschen an den liturgischen Elementen auch inhaltlich teilhaben. Geben Sie etwa Zettel aus, auf denen jeder einmal sein ganz persönliches »Gloria«, also sein Gründe, Gott zu loben, formulieren kann. Bieten Sie eine Gottesdienstwerkstatt an, in der einmal im Monat ein großes Team gemeinsam an einer Verlebendigung der Liturgie arbeitet. Geben Sie regelmäßig Fragebögen aus, in denen die Gottesdienstbesucher nicht nur das Vorhandene bewerten und kommentieren dürfen, sondern in denen es auch Raum gibt für ihre Wünsche. In einer Gemeinde etwa hat eine solche Aktion ergeben, dass die Mehrheit der Mitglieder den schwarzen Talar als falsches Zeichen für einen fröhlichen Glauben versteht. Wenn Sie dann sehen, dass der Liturg aufgrund der Umfrage seinen Talar gegen eine weiße Albe eintauscht, dann wird dieser Gottesdienst auf einmal Ihr Gottesdienst, denn Sie haben daran mitgearbeitet.

6. Verbinden Sie alle Elemente des Gottesdienstes mit möglichst praktischen Beispielen. »Wir haben gesündigt in Gedanken, Worten und Taten« ist zwar eine allumfassende Formulierung, sie bleibt aber letztlich so abstrakt, dass sie mich kaum noch berührt. Werden Sie als Pfarrer, als Kreisleiter oder in welcher Funktion auch immer, möglichst konkret. Nicht: »Es gibt so viele einsame Menschen in dieser Welt«, sondern: »Gott, manchmal habe ich das Gefühl, dass mich keiner versteht und dass niemand für mich da ist.« Da, wo die Liturgie in der Gemeinde konkret wird, verbinden die Zuhörer sie mit eigenen Erfahrungen und machen dadurch neue. Bisweilen kann das auch sehr konkret werden: Predigen Sie nicht nur über die Aufforderung Christi, über den Glauben zu reden, sondern bieten Sie in Ihrer Gemeinde einen Kurs an: »Ich lerne, über mein Christsein zu sprechen!« Vielleicht mit einem guten Referenten. Preisen Sie nicht abstrakt, »dass der Herr Beziehungen heilen kann«, sondern laden Sie einmal einen kompetenten Eheberater ein. In der Kirche wird oft zu viel geredet und zu wenig gehandelt.

7. Erfahrungen mache ich vor allem dann, wenn ich nicht von einem Erleben ins nächste stolpere, sondern mich ganz auf etwas einlassen kann. Darum ist es so wichtig, Gottesdienste unter bestimmte Themen zu stellen, die aus der Erfahrungswelt der Menschen stammen. Die verschiedenen Teile der Liturgie beleuchten dann diese aktuellen Lebensfragen aus verschiedenen Perspektiven. Und es wäre schon sehr merkwürdig, wenn nicht eine darunter wäre, die auch mich anspricht, etwas in mir anrührt und mich motiviert, weiter darüber nachzudenken. Noch intensiver könnte so etwas natürlich während einer Gemeindefreizeit geübt und gelebt werden.

8. Weisen Sie immer wieder darauf hin, dass die Anregungen und Anstöße eines Gottesdienstes mit in den Alltag genommen werden müssen, damit sie Wirkung zeigen. Immer noch sehen zu viele Menschen den Gottesdienst als einen Sonderraum an, der sich sehr gut zur Alltagsflucht eignet. »Hier bin ich endlich einmal der Welt enthoben.« Jesus aber hat an seine Jünger sehr direkte Anliegen gehabt: »Solches tut!« Wichtig ist, Formen zu finden, in denen diese Umsetzungen greifbar werden. Geben Sie in Predigten etwa Ihren Zuhörern klare Tipps: »Versuchen Sie einmal eine Woche lang, immer dann, wenn Sie wütend werden oder sich über irgendetwas aufregen wollen, an die Liebe Gottes zu denken. Mal sehen, was passiert.« »Laden Sie im Lauf der nächsten zwei Wochen jemanden zum Essen ein, mit dem Sie Probleme haben.« »Gönnen Sie sich einfach mal jeden Morgen zehn Minuten zum Bibellesen und Beten!« Und dann geben Sie den Personen, die sich an diesen Experimenten beteiligen, auch die Möglichkeit, sich zu äußern. Gelebte Erfahrungen berühren meist weit mehr als abstrakte Theorien. Ein Arbeitsloser, der über seine Probleme bei der Jobsuche erzählt, verdeutlicht für alle die Relevanz von Vertrauen, Anerkennung und Geborgenheit.

9. Reißen Sie Gottesdienste immer wieder aus der Routine, indem Sie für besondere Impulse sorgen: Gastmusiker, festliche Orgelzwischenspiele, Gastprediger, Kanzeltausch, Open-Air-Gottesdienste, Jazz-Matineen, Grußworte, Einbindung örtlicher Vereine oder Ähnliches. In Hessen sorgte ein Pfarrer für Aufsehen, der einmal einen Handwerker aus dem Ort predigen ließ. Das war wohl sehr erfolgreich. Denn so mancher lebenserfahrene Mensch ist bei bestimmten Themen durch seinen Hintergrund oder seine sozialen Kontakte viel näher an den Zuhörern als ein Berufsprediger.

10. Sorgen Sie mit verschiedensten Mitteln dafür, dass in Ihrer Gemeinde ein Klima herrscht, in dem Menschen nicht nur bereit sind, Erfahrungen zu machen, sondern auch froh, darüber reden zu können. Wenn sie dabei allzu forsche Ideen haben, dann führen Sie Probezeiten ein. Allein die Tatsache, dass Sie etwas Neues wagen, wird die Gemeinde bewegen. Jesus hat nicht nur Geschichten erzählt, die als bunte, vielfältige Erfahrungen interessant waren, er hat bei seinen ersten Jüngern ganz darauf vertraut, dass eine Erfahrung mehr sagt als tausend Worte. »Komm und sieh!« Erlebe, wer ich bin, und es wird dich verändern. Solche Erfahrungen müssen wir gerade auch Kirchendistanzierten anbieten und sie dazu einladen.

Erhabenheit

Die Sehnsucht

Unser Leben ist voller Dinge, die wir letztlich nicht verstehen: die Unendlichkeit des Weltraums, die Geburt eines Kindes, das Auftauchen von Schicksalsschlägen, eine tief empfundene Liebe, die Vielfalt der menschlichen Charaktere, die Macht der Gewohnheit oder unsere Ängste ... Wir ahnen, dass es Dinge gibt, über die wir nicht verfügen können und wollen trotzdem mit ihnen in Kontakt kommen. Selbst Sigmund Freud, ein erklärter Atheist, betonte, dass ihn häufig ein »ozeanisches Gefühl« überkomme, in dem er eine Begegnung mit irgendetwas Göttlichem, etwas Numinosem erlebe. Jeder Mensch macht auch die Erfahrung, dass er plötzlich überwältigt vor einem Naturwunder steht oder faszinierende Lebensgeschichten hört, in denen etwas von der Großartigkeit und der Größe des Daseins deutlich wird. So ist es auch kein Wunder, dass die meisten Völker als Erstes die Dinge zu Göttern erhoben, die sie in ihrem Alltag beobachteten und nicht rational erklären konnten: die Fruchtbarkeit, die Gestirne, die Berge und das abgrundtiefe Meer, den Krieg oder die Liebe.

Da, wo sich der Mensch als Spielball höherer Mächte erkennt – denn letztlich kann er weder den Tod noch Naturkatastrophen oder Krankheiten für immer beenden – wird er auch in seine Schranken gewiesen. Dennoch ist die Begegnung mit der Erhabenheit immer etwas, was uns positiv gefangen nimmt. Ja, wir sehnen uns danach, diesem Unbedingten gegenüberzustehen. Paul Tillich, der protestantische Theologe, hat letztlich auch den christlichen Glauben auf diese Sehnsucht zurückgeführt: »›Religiös‹ sein heißt unbedingt Ergriffensein, mag sich nun dies Ergriffensein in profanen Formen ausdrücken oder in Formen, die im engeren Sinne religiös sind.« Da, wo der Mensch auf das Heilige trifft, wird sein Glaube angesprochen, ganz gleich, ob er dieses Ergriffensein in einem klassischen Konzert, in einer Kirche, einem amerikanischen Nationalpark oder bei einer konkreten Gottesbegegnung empfindet. Weil das Heilige uns deutlich macht, dass wir Teil viel größerer Zusammenhänge sind, wachsen wir dabei über uns hinaus, verlassen unsere engen Lebensdimensionen und empfinden meist eine tiefe Zufriedenheit. Die Sehnsucht nach dem Heiligen gehört mit zu den stärksten emotionalen Hintergründen des Glaubens.

Wo und wie erleben wir diese Sehnsucht im Alltag?

Eigentlich erfahren wir die Erhabenheit in unseren gewöhnlichen Lebenszusammenhängen sehr selten. Darum versuchen auch so viele Menschen, sie außerhalb der Norm zu erfahren: im Wald, bei langen Bergwanderungen, auf dem Meer, bei Massenveranstaltungen, groß angelegten künstlerischen Inszenierungen oder in bombastischen Bauwerken. Oft trägt auch das Alter einer Örtlichkeit dazu bei, ob wir etwas von der grenzenlosen Weite des Lebens spüren oder nicht. Wir erleben konzertante Aufführungen in mittelalterlichen Klosterruinen anders als in einem modernen Opernhaus und wir greifen anders zu einem tausend Jahre alten Buch als zu einem aktuellen Bestseller. Schon daran wird deutlich, dass die Erfahrung der Erhabenheit oft nur am Rande etwas mit konkreten Beobachtungen zu tun hat. Bestimmte Dinge rühren uns an, weil sie etwas in uns zum Klingen bringen. Darum begegnet der eine der Erhabenheit vielleicht bei einem majestätischen Sonnenuntergang, während ein anderer beim Anblick der »blauen Mauritius« zutiefst berührt wird.

Dennoch lassen sich viele Trends zeigen, die versuchen, Erhabenheit greifbar zu erfahren. Mehr denn je interessieren sich Menschen für alles, was ihrer eigenen Macht entzogen ist: Außerirdische, Horoskope, Himmel und Hölle, Erdstrahlen, unfassbare Mächte, Katastrophen, Dinosaurierklone, Roboter oder Zombies. Ja, sogar Zauberer haben selbst dann weiterhin Erfolg, wenn man ihre Tricks längst in vielen Büchern nachlesen kann. Wir freuen uns, wenn wir verblüfft und überrascht dasitzen und die Welt nicht mehr verstehen, weil sich vor unseren Augen ein Kamel in Luft aufgelöst hat. Wir wollen etwas von dem Mysterium des Lebens erahnen. Denn wir wissen eigentlich alle, dass da mehr sein muss als nur ein biologisches Dahinvegetieren. Darum gieren wir nach Übernatürlichem. Meist aber finden unsere so ausgerichteten Erfahrungen auf viel einfacheren Ebenen statt: der melancholische Blick in den Sternenhimmel, der geflüsterte Wunsch beim Anblick einer Sternschnuppe, die Glücksmomente mit einem Kind, die Erfahrung echter Zärtlichkeit oder das träumerische Betrachten einer Blumenwiese. In solchen Momenten bleibt die Zeit stehen und wir vergessen alles, was uns sonst belastet oder bedrängt.

Die Sehnsucht im Gottesdienst

Der Gottesdienst war über Jahrhunderte schon deshalb ein Ort der Erhabenheit, weil er lauter herrliche Sinneseindrücke bot, die es sonst nirgends gab. Die Kirche war in weitem Umkreis das größte, das prachtvollste und das mächtigste Gebäude. Wer aus einer Bauernkate kam und einen Dom betrat, blieb überwältigt stehen. An keinem anderen Ort gab es bunte Scheiben, die das Licht färbten, nur hier musizierten große Chöre, nur hier trugen die Menschen farbenfrohe Gewänder, lange Zeit gab es auch nur hier die teuren Kerzen und duftenden Öle. In der Kirche war alles nicht nur anders, es war auch schöner. Anders ist es heute immer noch. Und so sehr auch in allen Zeiten gestritten wurde, ob man Kirchen üppig ausstaffieren dürfe oder nicht, darüber, dass ein Haus Gottes erhaben, groß und einladend sein muss, gab es nie Zweifel.

Für viele Menschen ist die Erfahrung der Erhabenheit mit bestimmten traditionellen Formen verbunden. Sie können sich nur schwer vorstellen, dass es außerhalb traditioneller Formen würdige Gottesdienstkonzepte geben kann. Gerade weil sie die meisten Gottesdienstelemente in ihrem Alltag nicht erleben, verbinden sie sie mit etwas Herausgehobenem, Einzigartigem: etwa mit der brausenden Orgel oder dem singenden Kanzelton des Pfarrers. Kirchendistanzierte aber erleben solche Elemente meist nicht mehr als erhaben. Dazu hat die Kultur des zwanzigsten Jahrhunderts zu viele Konkurrenzangebote entwickelt, die den Alltag leichter übersteigern als ein Gottesdienst. Darum muss sich die Kirche in diesem Bereich wieder stark auf die Dinge konzentrieren, die nur sie in dieser Form zu bieten hat: Gott, Liebe, Gemeinschaft, Segen, Freiheit, rauschfreie Festlichkeit und vieles mehr. Ein Pfarrer, der mit Thomas Gottschalk konkurrieren möchte, macht sich möglicherweise lächerlich, wenn er die Form über den Inhalt stellt; eine Gemeinde, in der Nächstenliebe und Heiliger Geist spürbar werden, ist nicht nur attraktiv, sie wird Menschen anziehen.

Die Wiederentdeckung der Sehnsucht

Als Kinder der Aufklärung fällt es uns immer noch schwer, die unbegreiflichen und unaussprechlichen Seiten Gottes nicht erklären zu wollen. Und obwohl wir immer wieder betonen, dass man den Höchsten letztlich nicht beweisen kann, scheuen wir uns davor, das Geheimnisvolle und unbeschreiblich Andersartige Gottes einfach einmal stehen zu lassen – oder gar zu feiern. Reine Rationalisten werden wir mit Argumenten ohnehin nicht überzeugen, den Sehnsüchtigen aber nehmen wir zu oft die Transzendenz Gottes. Vereinfacht gesagt: Glauben ist *letztlich* keine Frage des Könnens oder des Wollens. Viele Menschen suchen nach Fertigkeiten und sind dabei gar nicht mehr fähig, sich einfach von Gott beschenken zu lassen. Darum ist es so wichtig, gerade das unbegreifliche Handeln Gottes in seiner Faszination und Schönheit stehen zu lassen.

1. Der Zugang zur Erhabenheit hat sehr häufig mit Qualität zu tun. Wenn wir die rasenden Finger eines guten Instrumentalisten beobachten, dann sind wir oft ehrfürchtig ergriffen oder begeistert. Wir haben in der Kirche ein bisschen verlernt, auf Qualität zu achten. Wir sind oftmals rhetorisch schlechter als jeder Fernsehansager, musikalisch meist in einer sterilen Form auf Niveau bedacht; der »Melittamann« ist begeisterter von seinen Kaffeefiltern als wir von unserem Glauben, und wir singen selbst die herrlichsten Loblieder des Gesangbuches wie einen Trauermarsch. Auch Kirchendistanzierte tragen in sich die Ahnung, dass Gott, wenn es ihn gibt, etwas Exzellentes, Berauschendes, Faszinierendes und Herrliches sein muss. Wenn unsere Gottesdienste das aber nicht widerspiegeln, fällt es schwer, daran zu glauben. Darum melden ja auch so viele Kritiker, dass sie gar kein Problem haben an Gott zu glauben, dass sie aber nicht merken, dass unsere Gottesdienste ein Zeugnis für diesen Gott sind. Das neue Jahrtausend wird in der Kirche auch von einem neuen Bewusstsein für Qualität geprägt sein.

2. Verbinden Sie Ihre Gemeinde-Aktivitäten (vor allem wenn Sie das Bildungsbürgertum erreichen wollen) immer wieder mit der Kirchengeschichte. Es lässt uns über uns hinauswachsen, wenn wir sehen, dass schon Augustinus die gleichen Fragen hatte, die auch uns beschäftigen, dass Gott sein Volk durch alle Tiefen begleitet hat oder dass so manche Heiligenlegende uns ganz konkrete Aussagen über ein gelingendes Leben bietet. Schaffen Sie eine Beziehung zu den prophetischen Aussagen der Bibel, die uns den Heilsweg Gottes immer neu verdeutlichen können, und machen Sie den Gottesdienstbesuchern wieder Mut, ihr Leben in der großen Spanne von Erfahrungen der Vergangenheit und den Zielen der Zukunft zu sehen. Da, wo in unseren Kirchen wieder über gelingende Lebensgestaltung gepredigt wird, werden Menschen auch feinfühliger für die Erhabenheit.

3. Bieten Sie immer öfter spezielle Veranstaltungen an, in denen Menschen sich Zeit nehmen können, die Erhabenheit Gottes zu spüren: liturgische Nächte, Prozessionen, Klostertage, Gebetstreffen, Exerzitien, Erfrischungswochenenden, Stille Tage, Lobpreisabende oder Sonnenaufgangsgottesdienste. Unser Hauptproblem in den regulären Gottesdiensten ist oft die fehlende Erwartungshaltung. Menschen rechnen nicht mehr mit Gottes Gegenwart und sind darum auch nicht offen dafür. Wenn Sie dagegen spezielle Veranstaltungen anbieten, lassen sich die Besucher eher darauf ein. Träumen Sie aber auch selber davon, dass Erhabenheit wieder eine größere Rolle in den Veranstaltungen spielt.

4. Erhabenheit hat etwas damit zu tun, dass wir über uns selbst erhoben werden. Machen Sie der Gemeinde Mut, auch einmal über neue liturgische und rituelle Elemente nachzudenken, ohne gleich Angst vor charismatischen oder esoterischen Einflüssen zu bekommen. Ein Mensch, der tanzt, betet anders als jemand, der kniet oder die Arme erhoben hat. Jemand, der empfangend die Hände ausstreckt, empfindet Segen anders als einer, der die Augen schließt. Warum bringen Sie nicht einmal Teppiche mit und laden die Menschen ein, sich hinzulegen. Viele biblische Gestalten lagen »auf dem Angesicht«. Wir haben zu schnell den Mut verloren, Glauben und die Einzigartigkeit Gottes mit dem Körper auszudrücken. Liturgische Gesten sind oft tausende von Jahren alt und sie geben nicht zufällig viel von unseren Sehnsüchten wieder. Probieren Sie einmal, beim Beten durch die Kirche zu laufen oder dabei ein Bild zu betrachten – es wird sich etwas ändern.

5. Verwechseln Sie Erhabenheit bitte niemals mit Starre, Enge oder Traditionalismus: Auch ein Clown kann Würde haben, auch ein wilder Sprung ehrfürchtig sein und manches moderne Kirchenlied muss sich trotz einer flotten Melodie in seiner Ernsthaftigkeit nicht hinter dem Kirchengesangbuch verstecken. Seien Sie darum bitte immer als Mensch und niemals in irgendeiner statischen Rolle am Gottesdienst beteiligt. Gerade weil Menschen oft nicht auf Gottesbegegnung vorbereitet sind, kann eine entspannte und humorvolle Atmosphäre viel feierlicher und persönlicher sein als eine trocken gehaltene Liturgie. Experimentieren Sie und finden Sie heraus, wie Sie und die Menschen in Ihrer Gemeinde der Erhabenheit Gottes am leichtesten begegnen.

6. Helfen Sie den Menschen, ihre Beziehung zu Gott als ein Miteinander zu verstehen, in dem sie ein vollwertiger Partner sind. Wir gehen oft davon aus, dass Gott sich schon zeigen wird, ohne uns bewusst zu machen, dass das auch etwas mit uns zu tun hat. Viele Gleichnisse und Briefstellen verweisen darauf, dass Christen immer in einer Erwartungshaltung leben sollten: das Gleichnis vom Dieb in der Nacht genauso wie viele Paulusworte. In der Erwartung des wiederkehrenden Christus steckt aber auch die Hoffnung auf seinen spürbaren und erfahrbaren Tröster, den Heiligen Geist. Eröffnen Sie ruhig auch Ihren Gottesdienst mit den Worten: »Wir erwarten, dass Gott heute mitten unter uns ist und uns begegnen will. Denn so hat er es durch Jesus Christus verkündet.« Man sieht und erlebt oft nur das, was man erwartet.

7. Wir spüren und erfahren die Erhabenheit Gottes da am ehesten, wo wir uns im Kontakt mit seiner Liebe und Gnade auch selbst begegnen. Darum ist es so wichtig, die Menschen im Gottesdienst als Individuen ernst zu nehmen und sie so zu unterstützen, dass sie sich ein Stück näher kommen. Das gelingt dann, wenn der Mensch sich nicht gedrängt, sondern eingeladen fühlt. Eine Theologie der Angst führt nie zur Erhabenheit, sondern immer zum Rückzug. Feiern Sie darum in allen Elementen den Gott, der Freiheit versprochen hat.

8. Stärken Sie, wo immer möglich, das Vertrauen der Menschen in Gott. Da, wo wir erkennen, dass wir nie tiefer fallen können als in Gottes Hand, verlieren die Probleme und Ängste dieser Welt plötzlich ihre Macht. Wir wissen uns geborgen in einer Liebe, die sogar in der Lage ist, den Tod zu überwinden. So ein Vertrauen begleitet uns aber nicht nur durch den Alltag, es öffnet uns auch die Augen für die größeren Zusammenhänge des Lebens und damit für die Erhabenheit Gottes. Wir stellen uns selbst nicht mehr in den Mittelpunkt und erkennen die Mitte in Gott, der sich auf tausendfache Weise offenbart.

9. Schaffen Sie Räume, in denen Menschen ihre Erfahrungen der Erhabenheit austauschen können. Was erlebt und spürt derjenige, der Gott in der Natur begegnet, was passiert demjenigen, der immer beim Anblick von Sterbenden Ehrfurcht erfährt? Immer, wenn uns die Erlebnisse eines anderen mitreißen, lernen wir dabei auch etwas darüber, wie man dazu kommen kann. Wir suchen bewusst Orte auf, die ein anderer als erhaben erfahren hat, öffnen uns seinen Wegen und gehen sie nach. Warum sollte ein solcher Kreis nicht gemeinsam in Ausstellungen, Konzerte, Lesungen oder Vorträge gehen, um als Gruppe gemeinsam der Erhabenheit zu begegnen?

10. Wenn Sie predigen, dann predigen Sie Gott auch als den Erhabenen, der sich seines Volkes erbarmt hat. In der heutigen Theologie fällt es immer noch schwer, Gott sowohl als den ganz anderen, den Transzendenten, anzubeten und zugleich seine Menschlichkeit in Jesus Christus zu bekennen. Entweder wird der politische, soziale und gesellschaftskritische Jesus in den Mittelpunkt gestellt oder der ferne, unnahbare Christus. Erhabenheit lebt aber gerade aus der Kombination: das Ferne kommt uns ganz nah!

Gestaltung

Die Sehnsucht

»Baue das Haus, zeuge das Kind, pflanze den Baum,
zerbrich das Gewehr und sage es weiter –
vor dem Reden kommt das Handeln.«
(Sprichwort aus dem ehemaligen Jugoslawien)

Es ist beglückend, wenn man wirklich etwas tun kann, wenn es möglich ist, tatsächlich etwas zu gestalten und man den Eindruck hat: Hier wird nicht nur geredet, sondern tatsächlich angepackt und etwas verändert. Die meisten Menschen üben einen Beruf aus, der wenig mit »Berufung« zu tun hat, der nicht dem ursprünglichen Traumjob entspricht oder den eigentlichen Möglichkeiten des Einzelnen gerecht wird, sondern zunächst einmal schlicht und ergreifend die Arbeit beinhaltet, die getan werden muss, damit der Lebensunterhalt gesichert ist. Je mehr wir den Eindruck haben: Wir sind fremdgesteuert, werden regiert und verwaltet und kommen gar nicht mehr zu dem Leben, das wir uns einmal erträumt haben, desto stärker wird der Wunsch nach Gestaltung im kleinen und privaten Bereich. Im besten Fall – im schlechtesten Fall ertränken wir unseren Frust in Alkohol und Konsum und ergreifen auf diese Weise, zumindest für ein

175

paar Stunden, die Flucht vor unserer vermeintlichen Ohnmacht. Denn das Gegenteil von Gestaltung ist die Wirkungslosigkeit, die Erfahrung, dass mich niemand braucht. Die Kirchengemeinde vor Ort könnte hier eine alte Schlüsselrolle wiedergewinnen als der Ort, an dem jede und jeder seine Begabungen entdecken und mit einbringen kann, als der Ort, an dem der Einzelne gestalterisch tätig werden kann und in der Gemeinschaft von Schwestern und Brüdern Anerkennung findet, eine Anerkennung, die ihm vielleicht im normalen Alltag abhanden gekommen ist. Die Sehnsucht nach Gestaltung ist daher eng verzahnt auch mit der Sehnsucht nach Anerkennung.

Wo und wie erleben wir diese Sehnsucht im Alltag?

Die meisten Menschen kennen dieses idyllische Bild: »Schräg gegenüber wohnt ein älteres Ehepaar. Ihr kleines Häuschen und ein kleiner wild wuchernder Garten sind ihr Ein und Alles, so scheint es zumindest. Von morgens bis abends bosseln und basteln die beiden an ihrem Eigentum herum und gestalten ihr Anwesen mit einer unglaublichen Liebe zum Detail Stück für Stück um. Immer weiter, auch wenn man als Außenstehender das Gefühl hat, es sei eigentlich schon alles getan.« Zweifelsohne: Die Do-it-yourself-Angebote und die Baumärkte zählten in den letzten Jahrzehnten zu den schnellst wachsenden Branchen. Die Sehnsucht, in einer immer komplexer werdenden Welt zumindest die eigenen vier Wände, das eigene Haus und den eigenen Garten zu gestalten, findet hier jede Menge Anregungen und Möglichkeiten, sich zu betätigen. In einer Zeit, in der einem so vieles »vorgekaut« serviert wird (Fernsehen, Fertiggerichte) und altbewährte Bastelobjekte, wie z.B. das Auto, aufgrund der immer komplizierter werdenden Technik nur noch bedingt als Gestaltungsrahmen taugen, gibt es eine latente Sehnsucht nach Gestaltung, die oft erst dann zu Tage tritt, wenn man Gestaltungsmöglichkeiten anbietet. Jeder »Schreibtischtäter« kennt das: In gewissen Stunden packt einen plötzlich das Gestaltungsfieber und man beginnt, rund um das Haus zu werkeln und aufzuräumen. Die Möglichkeit, etwas Handgreifliches, Handwerkliches zu tun, verschafft zweifellos eine gewisse Befriedigung und jene rechtschaffene Müdigkeit, die auf ein vorzeigbares Tagwerk zurückblicken kann.

Hinter dem wachsenden Trend zu interaktiven Formen der Freizeitgestaltung (in Fernsehen, Kino, Rundfunk etc.) steckt natürlich letztlich der Wunsch des Einzelnen, eine Story, die Lebensgeschichte, selbst mitgestalten zu können und sich nicht alles vorleben zu lassen. Die Möglichkeit, im Zuge der allgemeinen Globalisierung durch das Internet zu surven und in der medialen Begegnung mit anderen oder in der Einrichtung einer eigenen Hompage kreativ tätig zu werden, geht ebenfalls in diese Richung. Im Grunde könnte man sagen, dass sich hinter der Sehnsucht nach Gestaltung ein Megatrend verbirgt, der auch im Gottesdienst seine Erfüllung finden könnte.

Seit vielen Jahren veranstalten wir so genannte Impulse-Kreativ-Seminare. Bei diesen Seminaren haben die Teilnehmerinnen und Teilnehmer die Möglichkeit, in den Bereichen Singen, Tanzen, Instrumentalunterricht, Pantomime, Kabarett und Schauspiel selbst gestalterisch tätig zu werden. Sie werden von professionellen Künstlern und Fachleuten betreut und gefördert. Diese Seminare sind meist Monate im Voraus ausgebucht – denn die Leute wollen selber etwas entwickeln und machen. Ziel dieser Kreativseminare ist immer die Neugestaltung des Gottesdienstes, d.h. wir feiern jeweils als Abschluss eines Kreativseminars gemeinsam einen Gottesdienst, bei dem die neuen Gestaltungselemente der jeweiligen Kleinkunstform mit einfließen. Dabei wird jedes Mal deutlich: Es gibt keine andere kommunikative Veranstaltung, die so viele unterschiedliche Gestaltungsmöglichkeiten bietet wie der Gottesdienst.

Die Sehnsucht im Gottesdienst

Sei es bei der Kollekte, bei der Umsetzung der Predigt in den Alltag, bei der Beteiligung der Laien oder bei den Fürbitten: ein Gottesdienst, der sich um sich selbst dreht und nicht bedenkt, in wie vielen äußeren Zusammenhängen wir existieren, verliert seinen Sinn; allein deshalb, weil er ja schon von seinem Namen her Gottes Dimensionen erfassen möchte. Da, wo der Gottesdienst harmonischer Teil des Lebens ist, wird er quasi zu einem Brennglas, er bündelt all das, was wir mitbringen, entlastet und unterstützt uns und motiviert uns, das mit Gottes Augen betrachtete Leben in der Zukunft als Salz der Erde zu gestalten. Wenn möglichst viele den Gottesdienst gemeinsam vorbereiten, dann haben unsere Gaben auch eine ganz konkrete Anwendungsmöglichkeit.

Dazu eine kleine Geschichte: »Meine Frau Rosi, unser zweieinhalbjähriger Sohn Robin und ich (C. Bittlinger) waren zu Gast bei Elisabeth, Hermann und deren Kindern, einer befreundeten Pfarrersfamilie. Wir hatten gut gegessen und getrunken und saßen plaudernd im Wohnzimmer. David, der sechs Jahre alte Sohn unserer Freunde und unser kleiner Robin hatten sich ins Spielzimmer verkrümelt, aus dem sie ab und zu einmal auftauchten, in das sie aber auch gleich wieder verschwanden. Das ging so etwa eine Dreiviertelstunde. Irgendwann hatte der sechsjährige David einen Hut seines Vaters auf dem Kopf und rief in die Runde: ›Ich feiere jetzt einen Gottesdienst mit euch – jetzt muss jeder erstmal ein Gedicht aufsagen.‹ Alle schauten erstaunt, machten aber mit. Elisabeth fing an: ›Lieber Gott, mach mich fromm, dass ich in den Himmel komm.‹ Dann schloss sich Rosi an: ›Abend ward, bald kommt die Nacht, schlafen geht die Welt.‹ Ich kramte einen Achtzeiler von Heinz Erhardt aus meiner Erinnerung: ›Der Opa ist ein frommer Mann, drum liest er in der Bibel. Die Oma schneidet nebenan fürs Abendbrot die Zwiebel. Der Opa ist ein frommer Mann, er weint um seine Sünden. Auch Omama weint nebenan, jedoch aus andern Gründen.‹ Als Letzter kam Hermann mit: ›Alle meine Entchen schwimmen auf dem See, Köpfchen in das Wasser,

Sünden in die Höh.‹ Der kleine Liturg David fuhr fort: ›Jetzt lassen wir die Pfeffermühle herumgehen, und jeder macht sich ein wenig Pfeffer auf die Hand, gibt die Mühle weiter und isst seinen Pfeffer ...‹ Schweigend und schmunzelnd taten wir, wie uns geheißen und stellten fest, dass Pfeffer pur gar nicht so schlecht schmeckt. David hatte noch weitere Ideen: ›Und jetzt singen wir ein Lied ...‹ – Wir stimmten die Popversion von ›Alle guten Gaben, alles was wir haben, kommt o Gott von dir. Alle guten Gaben, alles was wir haben, Herr wir danken dir.‹ In der Zwischenzeit hatte David seine ›Schatztruhe‹ herausgeholt und seiner Mutter (Elisabeth) ein Holzstückchen in die Hand gegeben: ›Jeder soll jetzt mal riechen!‹. Wir gaben das Holzstückchen ›durch die Reihe‹ und jeder roch kräftig an dem Holz. ›Hmm, wie gut das roch‹. Dann nahm David das Holzstück wieder an sich und reichte jedem von uns zwei kleine Kieselsteine – mit den sehr weisen Worten: ›Seht und fühlt, was der Stein euch erzählt!‹ Spätestens jetzt mussten wir laut losprusten vor Verzückung und Heiterkeit, die dieser Moment ausstrahlte. Hatte dieser kleine Mensch doch völlig eigenständig eine neue liturgisch klingende Formulierung gebracht: ›Seht und fühlt, was der Stein euch erzählt‹ – großartig, das würde uns keiner glauben. Nachdem wir so gesehen, gefühlt und gehört hatten, sagte David: ›So jetzt ist der Gottesdienst aus‹ – ›Und wer segnet uns?‹, fragte Elisabeth erstaunt. Das war der Moment, auf den unser kleiner Robin (knapp zweieinhalb Jahre alt!) gewartet hatte. Er hatte nämlich unser ›gottesdienstliches Treiben‹ voller Erstaunen und Faszination verfolgt, und als nun Elisabeth nach dem Segen fragte, sprang er auf, holte flugs aus einer Ecke des Wohnzimmers seine kleine Plastikmotorsäge und rief: ›Ich säge euch!‹«

Der Gottesdienst, in seiner ursprünglichen Form, ist eine kommunikative Veranstaltung mit vielfältigsten Gestaltungsmöglichkeiten, in die jeder seine Vorstellung und Träume einbringen kann. Vor allem aber seine Gaben. Paulus beschreibt in seinem Brief an die Korinther (1 Korinther 14,26) die Grundstruktur eines Gottesdienstes folgendermaßen: »Wenn ihr zum Gottesdienst zusammenkommt, hat jeder etwas beizutragen: Der eine singt ein Lied, ein anderer legt die heiligen Schriften aus, ein dritter hat eine Weisung von Gott ...« Man ist versucht die Aufzählung weiterzuführen: »Eine vierte schmückt die Kirche, ein fünfter gründet eine Pantomimengruppe, Nummer sechs bis zehn bilden einen Predigtvorbereitungskreis, Nummer elf bis fünfzehn überlegen sich ein Konzept für den Kirchenkaffee, wieder andere bauen ein Lobpreisteam, eine Malgruppe, eine Schauspielgruppe usw. auf – und das alles im Blick auf den Gottesdienst.« Bei aller Vielfalt sagt Paulus nämlich sehr deutlich: »Alles muss dem Aufbau der Gemeinde dienen.« Vieles von dem, was heute in den Gottesdiensten geschieht, dient nur noch dem Abbau von Gemeinde, keinesfalls dem Aufbau. Es wird höchste Zeit, das zu ändern.

Die Wiederentdeckung der Sehnsucht

Da wo wir den Gottesdienst für die vielfältigen gestalterischen Möglichkeiten innerhalb unserer Gemeinden öffnen, befinden wir uns mitten im Gemeindeaufbau. Die Menschen merken auf einmal: Ich muss hier nicht nur meine Zeit absitzen und mir etwas bieten lassen, sondern ich kann mitgestalten, ich komme selbst vor mit meinen Fragen und Begabungen, mit meinen Möglichkeiten. Es geht dabei nicht darum, jeden Sonntag etwas Neues, möglichst Ausgeflipptes auszuprobieren, sondern die vielen Gestaltungsfenster, die ein Gottesdienst per se hat, zu nutzen und hier und da neu zu füllen. Wichtig dabei ist, dass es die Gemeinde voranbringt, »aufbaut«, wie Paulus sagt. Dabei ist aber nicht Ängstlichkeit, sondern durchaus Experimentierfreude angesagt. Die Sehnsucht nach Gestaltung beginnt bei der jeweiligen Raumgestaltung, läuft von der Begrüßung über die Liturgie bis hin zum Segen.

1. Gerade innerhalb der katholischen Messe gibt es eine unglaubliche Gestaltungsvielfalt, die den oft recht nüchtern ablaufenden evangelischen Gottesdiensten einfach fehlt. Das 1975 im deutschen Sprachraum erschienene Messbuch für die Gemeinde gliedert den Beginn der Feier einer Gemeindemesse folgendermaßen:

Eröffnung

Einzug – Gesang zur Eröffnung

Verehrung des Altars

Begrüßung der Gemeinde

Allgemeines Schuldbekenntnis

Kyrie

Gloria

Tagesgebet

Allein die Elemente »Einzug« und »Verehrung des Altars« sind dem traditionellen evangelischen Gottesdienst weitgehend verloren gegangen, bieten aber wunderschöne Gestaltungsmöglichkeiten. Machen wir doch die Räume, in denen wir Gottesdienst feiern, wieder zu echten Erlebnisräumen. Man muss ja nicht gleich den Altar verehren (für viele Protestanten eine eher eigenartige Vorstellung), aber man kann dem Altarraum die Bedeutung, die er nun einmal architektonisch und theologisch hat, auch zukommen lassen. Die meisten katholischen und evangelischen Kirchen haben eindrucksvolle Altäre und Altarbilder. Entdecken wir das Element »Verehrung oder Beachtung des Altars«, einfacher vielleicht »Bewusste Wahrnehmung des Ortes und damit der Gegenwart Gottes« als visuell gestalterische Möglichkeit gleich zu Beginn des Gottesdienstes.

Bei den vielfältigen kreativen Möglichkeiten, den Gottesdienst mit Düften und Gewändern zu einem multimedialen, ganzheitlichen Ereignis werden zu lassen, wünschen wir uns manchmal die Unbefangenheit vieler amerikanischer Kirchengemeinden, die mitunter in prachtvollen Gewändern und trotzdem relativ entspannt einen mitreißenden Gottesdienst feiern können. Schauen wir doch über die

Zäune hinaus zur weltweiten Christenheit und lernen wir von den Gemeinden in Afrika, Indien, Lateinamerika und USA, wie wir fröhlicher, authentischer und relevanter Gottesdienst wirklich »feiern« können. Wenn wir zusammenkommen, um die »frohe Botschaft« zu feiern, wirkt das oftmals so, als hätte die gesamte versammelte Gemeinde in einen sauren Apfel gebissen.

2. Gestalten Sie die Einladung zum Gottesdienst: Wie laden Sie eigentlich ein zu Ihrem Gottesdienst? Laden Sie überhaupt ein? Hat Ihr Gottesdienst ein Thema? Entdecken Sie Menschen in Ihrer Gemeinde, die gerade hier enorme gestalterische Möglichkeiten entfalten könnten. Gibt es in Ihrem Ort die Möglichkeit, ein Transparent mit dem jeweiligen Gottesdienstthema anzubringen. Gestalten Sie regelmäßig Pressemitteilungen und Plakate. Es gibt Menschen in Ihrer Gemeinde, die so etwas gerne betreuen würden und könnten. Es kann nicht sein, dass wir als Gemeinde die Öffentlichkeit scheuen. Oder liegt es vielleicht daran, dass wir manchmal sehr gut wissen, dass unsere Veranstaltungen selber nicht sehr einladend sind?

3. Möglichst viele aus der Gemeinde sollen mitwirken. Lesungen, Gebete, Infos, Band, Psalm, Dialogpredigt oder Abendmahl: Es ist überhaupt kein Problem, fünf bis zehn Menschen oder mehr an der Gestaltung des Gottesdienstes zu beteiligen. Davon geht eine ungeheure Signalkraft aus. Nehmen Sie sich einmal die einzelnen Elemente Ihrer Liturgie vor und prüfen Sie, welches Element auch Laien übernehmen können. Etwa die Begrüßung der Gemeinde. Wer begrüßt die Menschen herzlich am Eingang der Kirche? Wer begrüßt neue BesucherInnen ganz besonders und zeigt ihnen, wo sie einen schönen Platz finden? Gestalten Sie die Begrüßung im Gottesdienst so, dass man gerne bleibt.

4. Legen Sie vor allem Wert auf ein Musikteam: Hat Ihre Gemeinde schon ein Musikteam, also engagierte Menschen, die Lust und Freude haben, wie auch immer im Gottesdienst zu musizieren.

Viele moderne Gemeindelieder lassen sich viel besser im direkten Kontakt durch einen Gitarren- oder Keyboardspieler einüben und gestalten. Dabei sollte der Organist der Gemeinde unbedingt mit einbezogen und gewonnen werden. Das Gleiche gilt für ein Theater-, Pantomime- oder sonstiges Kreativteam. Ganze Gottesdienste könnten mal unter dem Vorzeichen eines jeweiligen Kreativteams gestaltet werden.

5. In einer Predigt sollte immer auch die Frage berücksichtigt werden: Was soll der Hörer, was kann die Hörerin derselben tun? Also versuchen Sie, überall da, wo es möglich ist (und es ist viel öfter möglich, als wir manchmal denken) konkrete Handlungsanweisungen, Ideen, Möglichkeiten zur Gestaltung anzubieten. Oder lassen Sie Ihre Gemeinde mal in einer Stillphase während der Predigt mit überlegen (Zettel und Stifte), wie man dieses oder jenes Problem in den nächsten Tagen angehen könnte. Viele Gottesdienstbesucher erwarten von einer guten Predigt Gestaltungsvorschläge für ihren Alltag als Christen und werden regelmäßig enttäuscht. Einmal wurde nach einem Gottesdienst über Arbeitslosigkeit von der Gemeinde ein Seminar mit einem Unternehmensberater (Gemeindeglied) über die Kunst des Bewerbens organisiert. Da bekamen die vielen Worte des Sonntags ganz sinnvolle und hilfreiche Anwendungsmöglichkeiten.

6. In den Fürbitten bringen wir das, was wir oder andere gestalten und vorantreiben wollen, vor Gott und bitten um seinen Segen, bitten um Begleitung beim Besuch der Kranken, beim Ausbau des Gemeindehauses, bei den Vorbereitungen für den Gemeindebasar und vieles mehr. Wir bitten um Begleitung für die Menschen, die die Politik unseres Landes gestalten, d.h. wir gestalten betend mit. Beten heißt, diese Welt spirituell begleiten und mitgestalten. Wecken Sie dafür ein Bewusstsein: Diese Welt braucht vielleicht mehr denn je betende Menschen. Wir müssen neu entdecken, dass Beten Gestalten ist.

7. Gestalten Sie auch die Bekanntmachungen (um das hässliche und verräterische Wort »Abkündigungen« zu vermeiden). Eine Gemeinde, die immer nur abkündigt und nicht wirbt, darf sich nicht wundern, wenn keiner kommt. Allerdings klingt auch das Wort »Bekanntmachungen« typisch deutsch und bürokratisch. Wie wäre es humorvoll mit »Werbeblock« oder »Was jeder wissen sollte ...« oder einfach nur »Einladungen und Informationen« oder »Infoblock« (oder ... Lassen Sie Ihre Phantasie spielen). Hier sollte die nach Gestaltung lechzende Gemeinde erfahren, was in ihrer Gemeinde geplant wird und was da Gestalt gewinnt und gestaltet wird. Ihre wichtigste Information, jeden Sonntag, sollte sein: »WIR FREUEN UNS ÜBER ENGAGIERTE MITARBEITER« und »WIR KÖNNEN JEDEN GERAUCHEN!«, »Sagen Sie uns, was Sie können und wo Sie bereit wären, ehrenamtlich mitzuarbeiten, und wir planen Sie ein.« Oder sagen Sie konkret, wo Sie Bedarf haben: »Wir suchen jemanden, der gerne kocht.« Mancher hat mehr Mut zu reagieren, wenn gerade seine Fähigkeiten gefragt sind und nicht nur allgemein zur Mitarbeit aufgefordert wird.

8. Gerade bei der Kollekte kann jeder und jede konkret mitgestalten. Allerdings muss ich als Gottesdienstbesucher auch Lust haben oder besser gesagt Lust bekommen, statt meines bereitgehaltenen Fünfmarkstücks nochmals nach einem Zwanzig- oder Fünfzigmarkschein zu kramen. Werben Sie für die finanzielle Mitgestaltung langfristiger Projekte. Zeigen Sie öfter Dias, die konkrete Arbeitsfelder vorstellen. Veranschaulichen Sie, was mit den Spendengeldern gamacht wird. Zeigen Sie die Häuser, die Brunnen, die Krankenstation, die Spende um Spende Gestalt gewinnen. Errichten Sie ein Kollekten- und Spendenbarometer, an dem jede einzelne Spende Gestalt gewinnen kann. In den meisten Gottesdiensten realisieren wir nicht einmal, wofür gesammelt wird, deshalb lässt es uns kalt. Überlegen Sie auch konkret, was Sie in Ihrer Gemeinde brauchen (Diaprojektor, Gemeindebus usw.). Menschen geben viel lieber für klare Ziele, als für das konturlose Feld »Aufgaben der eigenen Gemeinde«.

9. Verbinden Sie auch bei der Gestaltung Alltag und Gottes-dienst. Warum soll der Mechaniker nicht einmal seine Schraubenschlüsselsammlung mitbringen und zeigen, wie man damit Probleme löst? Irgendein mitreißendes Erlebnis gibt es zu jedem Requisit. Laden Sie die örtlichen Vereine ein, einmal bei einem Gottesdienst mitzuwirken. Oder machen Sie einmal einen Gottesdienst, nach dem zum Tanz aufgespielt wird oder eine Jazz-Matinee folgt. Wichtig ist einfach, dass für alle die Beziehung von Leben und Glauben deutlich wird. Dabei helfen immer auch die bereits erwähnten Predigtkassetten. Viele nehmen gerne die Impulse mit nach Hause und sie können auch an Kranke weitergegeben werden (Einbindung eines Besuchsdienstes in das gottesdienstliche Geschehen). Dieser Bereich könnte übrigens auch von einem Rentner, der Spaß an Technik und Vervielfältigung hat, übernommen werden

10. Im Predigt-Nachgespräch könnten die Gestaltungsvor-schläge zu den inhaltlichen Impulsen aus der Predigt diskutiert werden und neue Gestaltungsvorschläge hinzukommen. – Die Gemeinde gestaltet zumindest die Wirkungsgeschichte der Predigt mit, indem sie die praktischen Konsequenzen und die konkreten Möglichkeiten zur Gestaltung aufgreift und entweder verwirft, ergänzt oder vertieft. Versuchen Sie keine Predigt zu akzeptieren, die nicht real in der Gemeinde Folgen hat.

Der Gottesdienst der Zukunft

 Es gibt viel zu träumen und viel zu tun. Wenn wir auch nur einige dieser Sehnsüchte in einem Gottesdienst stillen, werden wir eine neue Gemeinde erleben; eine Gemeinde, in die Menschen voller Freude und mit leuchtenden Augen kommen, weil sie wissen, dass sie reicher wieder gehen. Denn letztlich gehört die Befriedigung der Sehnsüchte genauso zu unseren Grundbedürfnissen wie Essen, Trinken oder Schlafen. Sie lassen sich zwar leichter verdrängen, doch die Schäden eines unbefriedigten seelischen Hungers sind nicht weniger schmerzhaft.

Sehnsüchte miteinander zu gestalten heißt, Leben zu gestalten. Darum haben alle Menschen, die in irgendeiner Form an der Gestaltung oder auch nur am Feiern eines Gottesdienstes beteiligt sind, eine große Verantwortung füreinander. Und wenn sie diese wahrnehmen und im Vertrauen auf Gottes Gegenwart miteinander und füreinander Sehnsuchtsstiller werden, dann entsteht Gemeinde.

Wir hoffen, Ihnen wird deutlich, welche Folgen eine solche Deutung des Gottesdienstes hat. Sie stellt nämlich die meisten herkömmlichen Definitionen auf den Kopf. Es ist zum Beispiel lange darüber gestritten worden, wer denn eigentlich in einem Gottesdienst wem dient. Wir sind davon überzeugt, dass Gott uns Menschen dienen will, indem er auf unsere Sehnsüchte eingeht – die ja schließlich auch von ihm geschaffen sind. Das meint nichts anderes, als dass Gott die Antwort auf unsere Sehnsüchte und Fragen ist. Wenn wir das in einem Gottesdienst spüren und verstehen, dann werden wir auch selber voller Dankbarkeit beten und loben. Wie aber kann man nun von der Sehnsucht her den »Gottesdienst« neu definieren? Wichtig ist dabei, erst einmal klarzustellen, was Gottesdienst nicht definieren kann und darf:

1. Ort

Nirgendwo in der Bibel steht geschrieben, dass ein Gottesdienst in einer Kirche stattfinden muss. Jesus hat auf einem Berg gepredigt, in einem Festsaal Abendmahl gefeiert, in einem Garten gebetet und in der Synagoge gesungen. Er hat seine Wunderkraft auf dem Wasser, bei den Kranken und beim Essen gezeigt. Und er hat Menschen mit seinem lebensverändernden Wort da getroffen, wo sie mit ihren Sehnsüchten allein waren: am Teich Bethesda, im Zöllnerhaus, am Brunnen oder nachts in seinem Gemach. Die ersten Christen aber haben sich in Privathäusern getroffen, sodass es lange keine zwanghafte Trennung zwischen alltäglicher und sakraler Sphäre gab. Keiner dieser Orte war geweiht, und dennoch kann niemand diesen innigen Begegnungen der Menschen den Gottesdienstcharakter abstreiten.

Inzwischen ist es glücklicherweise immer selbstverständlicher, dass Christen bei Freizeiten gemeinsame Gottesdienste feiern, ohne sich später dafür rechtfertigen zu müssen. Gleichzeitig kommt es aber trotzdem noch vor, dass ein außerhalb einer Kirche gemeinsam gefeiertes Agapemahl in die Kritik gerät, vom Abendmahl ganz zu schweigen.

Zur Zukunft des Gottesdienstes wird gehören, dass er nicht mehr zwangsläufig in einer Kirche stattfinden muss.

2. Person

Genauso fraglich ist die Bindung des Gottesdienstes an bestimmte handelnde Amtspersonen. Die frühen Christen haben sich doch nicht durch Ausbildung, Ordination, Weihe oder eine sonst wie geartete menschliche Berufung ausgezeichnet. Sie waren Fischer, Zeltmacher oder Bauern, denen man zugehört hat, weil sie etwas zu sagen hatten, weil sie etwas mit Gott erlebt hatten. Und Jesus berief in seinen Jüngern alle Menschen zur Mitarbeit an seinem Reich: »Darum geht zu allen Völkern, und macht alle Menschen zu meinen Jüngern; tauft sie auf den Namen des Vaters und des Sohnes und des Heiligen Geistes, und lehrt sie, alles zu befolgen, was ich euch geboten habe.« (Einheitsübersetzung) Und wenn Paulus vom vielfältigen Einsatz der Geistesgaben im Gottesdienst und der Gemeinde redet, dann spricht er damit nicht eine ausgewählte Minderheit, sondern alle Christinnen und Christen an.

Jesu Verheißung: »Wo zwei oder drei in meinem Namen versammelt sind, da bin ich mitten unter ihnen« ist ein viel stimmigerer und auch theologisch weit greifenderer Ansatz. Denn was könnte einen Gottesdienst besser definieren als die Tatsache, dass Jesus Christus mit seinem Heil erfahrbar unter uns ist.

Zur Zukunft des Gottesdienstes wird gehören, dass er nicht mehr zwangsläufig von Amtspersonen geleitet werden muss.

3. Zeit

Jesus hat dann Gott gelobt, gebetet und gelehrt, wenn es passte, nicht nach Terminkalender. Ja, er selber hat sogar das Sabbatgebot hinterfragt, als ihm klar wurde, dass manche Regelungen zwar von Gott richtig gewollt, von den religiösen Entscheidungsträgern aber so umgesetzt worden waren, dass sie menschenfeindlich wurden. 10.00 Uhr vormittags ist ein schöner Termin, doch er schließt oftmals junge Familien, Sonntagsschichtarbeiter, Wochenendhausbesitzer, übermüdete Menschen oder begeisterte Sportler, die Turniere haben, aus. Natürlich soll die Kirche ihre Termine nicht nur infrage stellen, weil manche Leute zu träge sind oder einen zu engen Zeitplan haben, aber sie macht es eben vielen Menschen sehr schwer zu kommen, wenn sie postuliert, »vollgültige Gottesdienste« existierten nur am Sonntagmorgen. Es ist ja auch kein Zufall, dass die meisten Ordensgemeinschaften bewusst an alle Wendepunkte des Tages spirituelle Zeiten gesetzt haben. Warum sollte man nicht wieder häufiger Mittagsandachten oder Ähnliches feiern.

Viele Gemeinden haben allein durch die Einführung eines zweiten Gottesdienstangebotes am Sonntagnachmittag ihre Besucherzahl um dreißig Prozent gesteigert, ohne dass sie sonst etwas an der Gottesdienstform geändert hätten. Wenn wir die Zeiten unserer Veranstaltungen als heilig betrachten, nehmen wir uns letztlich ein Stück Freiheit des Glaubens. Über kurz oder lang sollte man sogar wieder Grundlagen schaffen, die es Menschen ermöglichen, spontan Gottesdienste zu feiern, weil sie eben jetzt bewegt, glücklich oder traurig sind.

Zur Zukunft des Gottesdienstes wird gehören, dass er nicht mehr zwangsläufig zu einer traditionellen Uhrzeit stattfindet.

4. Form

Die frühen Christen haben bald nach einer »Liturgie« gesucht, die ihren Treffen ein Gerüst gab. Doch die gefeierten Elemente wurden direkt nach den Sehnsüchten gestaltet, unter denen die Menschen zusammenkamen. Wie in der geschichtlichen Einführung deutlich wurde, entwickelten sich dagegen andere Bestandteile des Gottesdienstes erst viele Jahrhunderte später. Es wäre also äußerst anmaßend zu behaupten, ein Gottesdienst ohne Orgel oder ohne Votum wäre keiner. So haben die Menschen, die die einzelnen Teile entwarfen, in der Regel auch nicht gedacht. Sie wollten für ihre Anliegen einen Rahmen haben, Formen, die ihnen halfen, das Gesuchte zu leben und zu erleben. Sie wären aber niemals auf die Idee gekommen, bestimmte Lieder, Wechselgesänge, Gebete oder Ähnliches »heilig« zu sprechen. Dazu war die Erwartung von Gottes unmittelbarem Handeln in der Gemeinschaft viel zu groß.

Natürlich ist es berechtigt zu fragen, ob ein Miteinander auch dann zum Gottesdienst wird, wenn zum Beispiel niemand Gottes Anwesenheit erwartet. Nur hängt die Anwort darauf nicht davon ob, ob ein Votum gesprochen wurde oder nicht. So mancher so genannte Gottesdienst bekennt mit vollmundigen Worten Dinge, die keiner im Raum wirklich glaubt. Und genau darum ist es so wichtig, sich von der reinen Formfrage zu lösen und wieder auf die Inhalte zu schauen.

Zur Zukunft des Gottesdienstes wird gehören, dass er nicht mehr zwangsläufig an eine bestimmte Form gebunden ist.

Wenn es also nicht mehr Ort, Person, Zeit und Form sind, die einen Gottesdienst zu einem solchen machen, was dann? Nach dem Lesen dieses Buches werden Sie ahnen, wie unsere Definition lautet:

Gottesdienst wird überall da gefeiert, wo Gott unsere Sehnsüchte stillt.

Dazu noch einmal: Es geht um die heiligen Momente, in denen Gott unsere Sehnsüchte stillt. Nicht jeder erfüllte Augenblick wird zum Gottesdienst. Da aber, wo Gott selbst auf unseren Hunger nach Leben antwortet, da findet ohne Zweifel ein Gottesdienst statt. Vielleicht kann eine biblische Geschichte das noch besser belegen:

Als Jesus der Samariterin am Jakobsbrunnen begegnet, erlebt die Frau etwas wahrhaft Unglaubliches: Der Mann, der sie um einen Schluck Wasser bittet, kennt sie genau und offeriert ihr ein Leben, in dem all ihre Sehnsüchte gestillt werden. Und sie, die das erst gar nicht glauben will, wird unmittelbar mit der Liebe Gottes konfrontiert. Jede einzelne Sehnsucht kommt dabei zum Tragen. Folgendes erlebt die Samariterin:

- Sie erfährt bei Jesus die Geborgenheit, die sie vergeblich bei sechs Männern gesucht hat.
- Sie erfährt den Zuspruch Jesu, der sie trotz ihres unsteten Lebens würdigt und annimmt

- Sie erfährt in dem Moment, in dem sie Jesus als den verkündeten Propheten und Messias erkennt, Vertrautheit.
- Sie erfährt Vergebung, weil Jesus ihr Handeln nicht verurteilt, sondern ihr eine Zukunft eröffnet.
- Sie erfährt Gottes Wahrheit, weil sie erkennt, dass Jesus mit dem lebendigen Wasser tatsächlich eine Antwort auf all ihre Sehnsüchte hat.
- Sie erfährt so viel Zuwendung, dass sie nicht anders kann, als die Anbetung und das Lob dieses Jesus unter die Menschen zu bringen.
- Sie erfährt neue Gemeinschaft, weil sie, die Ausgestoßene, plötzlich zu einer Frau wird, der Menschen wieder neu zuhören.
- Sie erfährt Glauben, denn sie hat mit einem Mal eine neue Mitte ihres Lebens, an der sich alles ausrichtet.
- Sie erfährt Kommunikation, denn die, die bewusst in der Mittagshitze die Einsamkeit gesucht hatte, findet ihren Platz in der Welt wieder.
- Sie erfährt eine Lebensveränderung, weil sie eine spürbare und eindeutige Erfahrung macht: Einer kennt mich, einer liebt mich.
- Sie erfährt Erhabenheit, als sie erkennt, dass dieser Mensch Jesus, der Messias, Gott auf Erden ist.
- Sie erfährt die Kraft der Gestaltung, weil Jesus sie, die sich für nutzlos hielt, um Hilfe bittet. Sie soll für ihn Wasser schöpfen.

Wenn dieses Zusammentreffen, dieses Fest der Liebe, kein Gottesdienst war, was dann! Ein Mensch kommt in die Nähe Gottes und ist danach ein anderer. Eine wundervolle Geschichte.

Können Sie das für sich denken? Dass Gottesdienst viel mehr ist als eine Stunde am Sonntagmorgen. Nehmen Sie etwa folgende Beispiele:
- Fünf Freunde treffen sich als Christinnen und Christen, um gemeinsam zu beten und zu singen: ein Gottesdienst?
- Eine Familie beendet jeden Tag mit einer Geschichte aus der Bi-

bel, einigen gemeinsam gesprochenen Versen und einem Gebet:
ein Gottesdienst?

- Eine Wandergruppe erreicht den Gipfel eines Berges und fängt dort an, gemeinsam Gott mit Liedern zu loben: ein Gottesdienst?

- Ein Liebespaar rennt fröhlich durch eine Frühlingswiese und kann vor Glück gar nicht anders, als seinem Schöpfer danken: ein Gottesdienst?

- Wissenschaftler treffen sich zu einem Kongress, weil sie mehr über das Verhältnis von Gnade und Gesetz lernen wollen: ein Gottesdienst?

- Ein älteres Ehepaar lädt regelmäßig Menschen aus der Gemeinde zum Essen ein, um Gemeinschaft unter Gottes Segen zu erleben: ein Gottesdienst?

- Christliche Künstler präsentieren ein heiteres und nachdenkliches Programm, in dem über Glauben nachgedacht wird: ein Gottesdienst?

- Eine Pfadfindersippe beschließt, einer alten Dame bei der Renovierung zu helfen, weil sie ihren Glauben konkret anwenden wollen: ein Gottesdienst?

- Eine Seniorengruppe schaut gemeinsam Dias über das Leben des heiligen Franziskus an und lässt sich davon begeistern: ein Gottesdienst?

Beispiele gäbe es noch unendlich viele, wichtig ist, was diese Definition in einer Gemeinde bewegen kann. Es gibt keine zwanghafte Hierarchie mehr, die alle Veranstaltungen neben dem so genannten »Hauptgottesdienst« verblassen lässt. Menschen, die sich in Hauskreisen, Arbeitsgruppen oder privat treffen, bekommen den Mut, auch dieses Miteinander als Gottesdienst zu begreifen, die katastrophale Trennung von sakralem Sonntagmorgen und völlig säkularisiertem Alltag wird endlich aufgehoben und der Pfarrer oder Priester wird von dem belastenden Anspruch befreit, alleiniger Garant für die Nähe Gottes zu sein. Martin Luther hat zu Recht gefordert, dass »das ganze Leben ein Gottesdienst sein« soll. Es wird Zeit, diese weise Erkenntnis endlich auch in unserer Gemeindepraxis umzusetzen. Nicht, um etwas ganz Neues einzuführen, sondern um Glaube wieder so lebendig und relevant werden zu lassen, wie Jesus ihn vorgelebt und gefeiert hat.

Unsere Gottesdienstdefinition macht aber vor allem eines deutlich: Es wird Zeit, das ganze Leben mit Glauben zu füllen. Darum wollen wir Sie ermutigen, den hier genannten Sehnsüchten nicht nur in Ihrer Gemeinde, sondern auch und gerade in Ihrem Leben nachzuspüren. Sie werden entdecken, dass überall da, wo diese Sehnsüchte in Ihrem Leben erfüllt werden, sich nicht nur Glück einstellt, sondern auch eine neue Nähe zu Gott. Überall da aber, wo wir unsere Sehnsüchte vernachlässigen oder sie mit Äußerlichkeiten befriedigen wollen, werden wir letztlich unglücklich und entfernen uns von Gott. Haben Sie daher Mut, regelmäßig folgende Fragen zu durchdenken:

- Wonach sehne ich mich im Augenblick?
- Versuche ich, dieser Sehnsucht gerecht zu werden?
- Bringen mich meine Versuche weiter?
- Lasse ich Gott Raum, meine Sehnsüchte zu erfüllen?
- Vernachlässige ich einige Sehnsüchte seit langem?
- Wie kann ich Gott für sein Wirken danken?

Meist lohnt es sich, für diese Reflexion einen Gesprächspartner zu haben, der aus seiner Perspektive unsere Sehnsüchte kommentieren kann und vielleicht auch besser sieht, wo wir uns mit überdrehten Wünschen oder Vorstellungen herumplagen und wo wir den entscheidenden Fragen unseres Lebens nahe kommen. Wenn Sie damit beginnen, wird sich in Ihrem Leben einiges ändern – sicher zum Positiven.

Fazit

Es mag sein, dass viele der in diesem Buch genannten
Gedanken in Ihnen erst einmal die Reaktion auslösen:
»In unserer Gemeinde geht so etwas auf keinen Fall.«
Vielleicht haben Sie aber auch gedacht: »Das wäre zu
schön, um wahr zu sein!« Egal, wie es ist: Wir wollen
Ihnen nichts von dem wegnehmen, was Ihnen lieb
und teuer geworden ist, sondern Sie nur ermutigen,
viel von Gott zu erwarten. Seien Sie nicht zu schnell zufrieden oder
verängstigt. Denn letztlich ist die Frage, ob wir Gott die Möglichkeit
geben, in unseren Gemeinden erfahrbar zu wirken, immer auch eine
Glaubensfrage. Vertrauen wir darauf, dass Gott in und mit dieser
Welt, das heißt auch mit Ihrer Gemeinde und Ihnen persönlich, etwas vorhat und Leben »in Fülle« verspricht, oder halten wir uns lieber
vorsichtig an eingefahrene Formen und Wege? Das Volk Israel musste in der Wüste nicht einmal, sondern immer und immer wieder von
Gott diese Herausforderung ertragen: Sammelt euch nicht Manna für
mehrere Tage, sondern vertraut täglich neu auf meine konkrete Un-
terstützung. Ruft nicht so jämmerlich nach den Fleischtöpfen Ägyp-
tens, vertraut darauf, dass ich euch in das Land führe, wo Milch und
Honig fließen. Jammert nicht, wenn ihr mal eine Durststrecke erlebt,
sondern vertraut endlich darauf, dass ich immer zur rechten Zeit
eine Quelle entspringen lasse. Gott wünscht sich von uns, dass wir

ganz offen sind, ihm immer wieder zu begegnen. Und das heißt nichts anderes, als dass er unsere Sehnsüchte stillen will. Und da, wo wir das nicht zulassen, nehmen wir nicht nur uns selber die eigentliche Kraft des Glaubens, wir machen es auch uns und den uns beobachtenden Kirchendistanzierten unendlich schwer, Gott zu erfahren.

Wir, die Autoren, wünschen Ihnen, dass Sie jetzt voller Sehnsucht anfangen, Gemeinde zu einem Ort werden zu lassen, an dem Sie mit Gott regelmäßig in Kontakt kommen und von dem Sie immer wieder gestärkt und reich gesegnet in den Alltag zurückkehren können – ohne dass dort der Gottesdienst vorbei wäre.

Kleine Gebrauchs-
anleitung

Was mache ich nun mit einem solchen Sehnsuchts-
konzept? Hier finden Sie einige Vorschläge, wie Sie
mit diesem Buch arbeiten können, damit es nicht
bei der Lektüre bleibt. Oft bedarf es einer äußeren
Struktur, um Anregungen auch wirklich umsetzen
zu können. Übrigens: Wir haben fast alle Vorschläge in diesem Buch ausprobiert – sie funktionieren.
Vielleicht kann Ihnen ja die eine oder andere der folgenden Möglichkeiten helfen, Ihren Traum von Kirche wahr werden zu lassen.

1. Initiativkreis
Sei es im Pfarrgemeinderat, im Kirchenvorstand, im Liturgieaus-
schuss oder in einem neugegründeten Kreis von am Gottesdienst interessierten Personen: Nehmen Sie sich über zwölf Monate oder über
zwölf Treffen hinweg jeweils eine Sehnsucht vor und überlegen Sie,
ob und wie diese im Augenblick in Ihrem Gottesdienst vorkommt und
gefeiert wird und wie man ihre Erfahrbarkeit verbessern und vertiefen kann. Am Ende haben Sie dann ein konkretes Veränderungskon-
zept für Ihren Gottesdienst.

2. Hauskreis

Nehmen Sie die Sehnsüchte als Thema für einen Hauskreis und besprechen Sie bei jedem Zusammensein, wie Sie eigentlich die jeweilige Sehnsucht für sich leben, wie sie Ihnen im Alltag begegnet und wo Gott in diesem Bereich in Ihrem Leben Akzente setzt. Nehmen Sie sich dabei auch vor, in der Zeit zwischen den Treffen sehr bewusst nach den Spuren der behandelten Sehnsucht in Ihrem Alltag auszuschauen und zu überlegen, wie Sie persönlich dabei mehr Erfüllung erfahren können.

3. Gebetszyklus

Schon immer haben Christen anhand von Beichtspiegeln, Stundengebeten oder Ähnlichem ihren Gebeten eine Struktur gegeben. Warum nehmen Sie nicht einfach einmal die Sehnsüchte als Grundlage Ihres Gebets – nacheinander oder jeden Tag eine. Überlegen Sie jeweils, welche Erfahrungen Sie mit einer bestimmten Sehnsucht gemacht haben, wo Sie mit Ihrer Suche vielleicht auch andere Menschen verletzt haben und wo Sie einen Schritt weitergekommen sind.

4. Predigtserie

Tragen Sie dazu bei, dass die Menschen in Ihrer Gemeinde sich Ihrer Sehnsüchte bewusst werden. Das geht oft am einfachsten mit einer Predigtreihe. Gehen Sie von den realen Erfahrungen unserer Welt aus und leiten Sie dann zu einem zentralen Bibeltext über, der zeigt, dass Gott schon immer auf die Sehnsüchte der Menschen eingegangen ist. Machen Sie dabei auch konkret Mut, die von Gott gegebenen Bedürfnisse ernst zu nehmen und gemeinsam anzugehen.

5. Fragebogenaktion

Überprüfen Sie doch einfach einmal mit Hilfe eines Fragebogens die Präsenz der Sehnsüchte in Ihrem Gottesdienst. Fragen Sie die Besucher, ob sie sich geborgen fühlen, ob sie wirklich anbeten können, ob sie Gemeinschaft erfahren und ob ihre Sehnsucht nach Gestaltung zum Zuge kommt. Gottesdienst kann ja nicht gegen das Miteinander

der versammelten Christen gestaltet werden; darum sollte es selbstverständlich sein, nach den Erfahrungen, Erwartungen und Hoffnungen der Menschen zu fragen.

6. Seminar

Bieten Sie über zwei oder mehrere Abende eine Entdeckungsreise in die Welt der Sehnsüchte an. Laden Sie die Menschen zu einem aufregenden Prozess ein, in dem sie ja nicht nur ihren eigenen Sehnsüchten näher kommen, sondern auch Gott. Dabei können Sie leicht von einer abstrakten Ebene (Welche Sehnsüchte gibt es? Wodurch werden Sie erfüllt?) zu einer sehr persönlichen Aussprache kommen (Wonach sehne ich mich eigentlich? Wie kann ich dazu beitragen, dass sich meine Sehnsüchte erfüllen?). Machen Sie dabei deutlich, wodurch sich echte Sehnsüchte von Wünschen unterscheiden.

7. Spezialgottesdienste

Bieten Sie regelmäßig Gottesdienste an, in denen eine Sehnsucht bewusst im Mittelpunkt steht: Und dann versuchen Sie, alle darin vorkommenden Elemente zu einem Hort der Geborgenheit, der Gemeinschaft oder der Verständigung zu machen. Das ist eine unglaublich schöne Erfahrung. Am besten bereiten Sie einen solchen Gottesdienst mit einem kleinen Team vor, das sich aus ganz unterschiedlichen Menschen zusammensetzt, sodass auch deutlich wird, auf welch unterschiedliche Weise eine Sehnsucht gestillt werden kann.

Anhang

Die Sehnsüchte in der klassischen Liturgie

Je nach evangelischer oder katholischer Tradition verändern sich die einzelnen Schritte einer Liturgie.

Begrüßung	Geborgenheit, Vertrautheit, Gemeinschaft, Zuspruch, Kommunikation
Vorspiel	Geborgenheit, Vertrautheit, Anbetung, Erhabenheit, Gestaltung
Votum	Zuspruch, Glauben, Kommunikation, Erhabenheit, Wahrheit
Kyrie	Vergebung, Zuspruch, Erfahrung, Glauben, Vertrautheit
Gloria	Geborgenheit, Anbetung, Wahrheit, Gemeinschaft, Glauben, Erhabenheit
Salutatio	Vertrautheit, Gemeinschaft, Kommunikation, Erfahrung
Lesung	Vertrautheit, Wahrheit, Erfahrung, Erhabenheit, Zuspruch
Bekenntnis	Geborgenheit, Vertrautheit, Anbetung, Gemeinschaft, Glauben, Kommunikation

Predigt	Zuspruch, Wahrheit, Gemeinschaft, Glauben, Kommunikation, Gestaltung
Präfation	Geborgenheit, Vertrautheit, Gemeinschaft, Erhabenheit
Abendmahl	Gemeinschaft, Anbetung, Kommunikation, Erfahrung, Erhabenheit
Fürbitten	Vergebung, Gemeinschaft, Glauben, Kommunikation, Erfahrung, Gestaltung
Vaterunser	Geborgenheit, Vertrautheit, Wahrheit, Glauben, Kommunikation
Segen	Zuspruch, Anbetung, Glauben, Kommunikation, Erhabenheit, Gestaltung
Gesang	Geborgenheit, Vertrautheit, Anbetung, Gemeinschaft, Kommunikation, Erhabenheit
Confiteor	Geborgenheit, Vertrautheit, Vergebung, Glauben, Erfahrung, Erhabenheit, Gestaltung

Praxisbeispiele

In vielen Gemeinden wird geträumt, aber so mancher Traum bleibt auch nur ein Traum. Manchmal gibt es grundsätzliche Widerstände gegen Veränderungen, ein andermal verhindern allzu treues Beharren auf alten Formen, die Angst vor unkontrollierbaren Zuständen, fehlende Mitarbeiterschaft oder einfach zu wenig Mut den Anfang. Dabei sollten Sie eines nicht vergessen: Wenn Sie mit ganzer Überzeugung dazu beitragen wollen, dass in Ihrer Gemeinde die Sehnsüchte der Menschen gestillt werden, dann wird es keinen Augenblick geben, in dem Sie wirklich genügend Mitarbeiter, völlig überschaubare Entwicklungen oder absolut freie Bahn haben werden. Manchmal muss man einfach einen ersten Schritt gehen, denn das Grundgeheimnis aller Visionen lautet ja: Sobald Sie begonnen haben, Ihre Vision zu leben, werden Sie Menschen mitreißen. Wenn Sie warten, bis alle Ihre Vision teilen, verändert sich vielleicht nie etwas. Wenn konkrete Aufgaben zur Verwirklichung eines Traumes anliegen, finden sich unserer Erfahrung nach immer auch begeisterte Menschen, die mit einsteigen. Diskutieren Sie darum bitte nicht solange herum, bis alle »Ja, aber« skeptischer Menschen Ihre Hoffnungen und Ideen kleinbekommen haben.

Um nicht nur theoretisch von Sehnsüchten zu sprechen, stellen wir Ihnen hier am Ende noch zwei Gottesdienstprojekte vor, mit denen die Verfasser versucht haben, in verschiedenen Gemeinden ein Bewußtsein für die Notwendigkeit der Intensivierung und gegebenenfalls auch der Erneuerung von Formen zu finden. Alle Projekte verstehen sich nicht als Selbstläufer, sondern dienen letztlich dazu, einen Prozess in Gang zu setzen, der die Kirche wieder zu einem Ort macht, zu dem man nicht nur gerne geht, um seinen Glauben zu feiern, sondern der so lebensbereichernd ist, dass man das Gefühl bekommt, etwas zu verpassen, wenn man einmal nicht vorbeikommen kann. Dazu, dass das in Ihrer Gemeinde gelingt, wünschen wir Ihnen Gottes reichen Segen.

Bistro-Gottesdienst

Projekt von Clemens Bittlinger

Idee

Wenn wir früher einen Gottesdienst mit Popmusik, Pantomime und Kabarett gestalten wollten, nannten wir das Ganze einfach »Jugendgottesdienst«, mit dem Nebeneffekt, dass sich damit auch meist nur die Jugendlichen angesprochen fühlten. Der Bistro-Gottesdienst hat dieses Problem nicht: Hier können wir neue Dinge ausprobieren und auch gleich diskutieren (Wir sitzen schon im Kreis und das Gespräch ist eines der Hauptelemente.). Alte und Junge sind gleichermaßen angesprochen.

Umsetzung

Der Bistró-Gottesdienst ist eine kommunikative Veranstaltung mit liturgischen Elementen. Der Raum ist (mehr oder weniger) »bistromäßig« umgestaltet, es gibt eine kleine Bühne mit einer Talkecke. Wir sitzen in kleinen Gruppen an Bistro-Tischen und schauen uns an, kommen ins Gespräch, singen, lachen und beten miteinander. Musik, Talk und Gespräch, Kleinkunst, gemeinsame Lieder, Gebete und biblische Impulse sind die durchaus variablen Zutaten.

Der Gottesdienst hat immer ein Thema. Z.B.: »Was ist dran ... am Aberglauben« oder »Beziehungen müsste man haben ...«. Jedes dieser Themen kann zu einer Reihe werden. Beziehungen zur Mode, zum Alter, zu sich selbst usw. Oder: Was würde Jesus sagen zu ... Joschka Fischer, Steffi Graf, PUR, Michael Schumacher oder Gerhard Schröder.

Es gibt einen interessanten Talkgast (der auch etwas zum Thema zu sagen hat), es gibt musikalische Gäste oder ein Musikteam, die gemeinsame Lieder begleiten oder auch Lieder vortragen, es gibt Kleinkunstelemente, die durchaus aus den eigenen Reihen kommen können und langfristig sogar sollen. (Allerdings lohnt es sich auch, bisweilen Profis einzuladen oder gleich die eigenen Mitarbeiter schulen zu lassen.)

Ablauf
- Vorspiel oder gemeinsames Lied
- Begrüßung und Votum
- Gemeinsames Lied
- Thematischer Einstieg
- Musik
- Talk zum Thema mit einem Gast (ca. 12 Minuten, in der zweiten Hälfte dürfen alle mitdiskutieren)
- Kleinkunstimpuls
- Talk zum Thema an den Tischen (ca. 15 Minuten)
- Gemeinsames Lied
- Biblischer Impuls (10 Minuten)
- Musik
- Gebet (am besten an den Tischen vorformuliert und gemeinsam vorgetragen)
- Vaterunser (ruhig mit künstlerischer Vielfalt)
- Gemeinsames Lied
- Segen
- Musik

Nachher ist »Open End«, das heißt, jeder kann solange bleiben und Gemeinschaft erleben, wie er möchte. Es sollte etwas zu essen und zu trinken geben. Ist eine Kleinkunstformation zu Gast, kann sie noch einmal »Programm« machen.

Erfahrung
Besonders wichtig ist die Gemeinschaft an den Tischen und das Gespräch, auch über die Tische hinweg. Jeder kann sich beteiligen, ist also Teil der Veranstaltung und nicht nur Zuhörer. Ziel und Vision dieses Projektes ist die mündige Gemeinde, innerhalb derer die und der Einzelne sich äußert und im Lied, Gespräch und Gebet mit einbringt. Ansonsten folgt auch dieser Gottesdienst einem liturgischen Ablauf.

Regelmäßige Bistro-Gottesdienste eröffnen für so manchen kirchlich distanzierten Zeitgenossen die Möglichkeit zur projektorientierten Mitarbeit und zur Möglichkeit, hier und da mal Gemeindeluft zu schnuppern.

Kontakt
Referat »Musik*Kultur*Verkündigung« im Amt für missionarische Dienste und Gemeindeaufbau der Ev. Kirche in Hessen und Nassau.

Literatur: »Charmant und herzlich. Kirche mal anders« (siehe Literaturliste *Clemens Bittlinger*)

GoSpecial

Projekt von Fabian Vogt

Idee
Wir wollen mit einem »etwas anderen« Gottesdienst Raum schaffen für Kirchendistanzierte, Neugierige oder nicht religiös sozialisierte Menschen, die sich in angenehmer Atmosphäre mit dem Glauben so auseinander setzen können, dass ihre Vorurteile und Ängste abgebaut werden und sie Interesse bekommen, Gott persönlich kennen zu lernen und in Gemeinschaft mit Jesus Christus zu leben.

Umsetzung
Orientiert am Lebensgefühl der Menschen von heute, wurde das traditionelle Liturgiegerüst so umgestaltet, dass es auch für Neulinge verständlich ist, die Sehnsüchte der Menschen bewußt wahrnimmt und die kulturellen Grundlagen berücksichtigt. Dazu gehören: moderne Musik, Theaterstücke, die Möglichkeit der Rückfrage nach der Predigt, Lachen, Weinen, Klatschen, Interaktion mit den Gottesdienstbesuchern, Qualitätsbewusstsein und viel Spontaneität. Die Themen, über die die Menschen bei der Arbeit, am Frühstückstisch oder bei ihrem Hobby sprechen, bestimmen auch den Gottesdienst und zeigen, dass Christsein nicht vom Alltag zu trennen ist: Arbeitslosigkeit, Einsamkeit, Tod, Harald Schmidt, Sexualität, Gentechnik, Gerhard Schröder, Generationskonflikte und Ähnliches.

Nach einer persönlichen Begrüßung am Eingang, die schon auf das Thema hinweist, werden die Menschen mit Musik und von zwei Moderatoren begrüßt. Der Kreativteil will den Besucher dann in seiner eigenen Welt abholen, bevor ein längerer Mitsingteil hilft, sich für Gott zu öffnen. Nach der Predigt muss der Redner Rede und Antwort stehen. Die Besucher können per Zettel nachhaken: »Wie haben Sie das gemeint? Ist das nicht ein bisschen platt? Wie kann ich das denn konkret umsetzen?« Gäste, die persönliche Erfahrungen mit dem Thema gemacht haben, runden den Predigtteil ab. Danach wird ebenfalls aus den per Zettel eingesammelten Anliegen der Gäste eine Fürbitte gestaltet und ein gemeinsames Segenslied gesungen. Nach dem Gottesdienst ist noch Zeit für ein gemütliches Miteinander und Gebäck.

Ablauf
- Begrüßung und Gespräch im Foyer
- Vortragsstück
- Begrüßung zum Gottesdienst
- Vortragsstück
- Kreativer Impuls (Theater, Pantomime oder Ähnliches)
- Vortragsstück
- Kinderlied mit Einladung in die Kindergruppen
- Anbetungsteil (2-3 gemeinsame Lieder)
- Predigt
- Frage und Antwort (per Zettel über Moderator an den Prediger)
- Vortragsstück
- Interview mit einem Talkgast
- Musik
- Fürbitten
- Vaterunser
- Schlussmoderation
- Vortragsstück

Erfahrung
Der anfangs um 17.30 Uhr mit Kinderprogramm angebotene Gottesdienst ist inzwischen mit über 700 Leuten so gut besucht, dass er nicht nur ins Bürgerzentrum verlegt, sondern geteilt werden musste. Er findet jetzt dreimal hintereinander statt. Mit Hilfe von Glaubensgrundkursen, Einsteigerhauskreisen, Seminaren, weiteren modernen Gottesdiensten und Vortragswochen finden immer mehr GoSpecial-Besucher auch Freude daran, die traditionellen Angebote der Gemeinde zu nutzen. Die Vermutung, dass Kirchendistanzierte wirklich nur dann mehr als einmal kommen, wenn sie die Erfahrung machen, dass ihre tiefsten Sehnsüchte in einem solchen Gottesdienst befriedigt werden, hat sich bestätigt.

Kontakt

GoSpecial findet jeweils am 2. Sonntag im Monat um 16.30, 18.30 und 20.30 Uhr im Bürgerzentrum in Niederhöchstadt bei Frankfurt statt. Die Gottesdienst-Materialien (Predigten, Moderationen, Theater usw.) sind im Verlag Projektion J erhältlich.

Literatur: »Ein Traum von Kirche. Wie ein Gottesdienst für Distanzierte eine Gemeinde verändert.« (Siehe Literaturliste *Fabian Vogt*)

Über die Autoren

CLEMENS BITTLINGER

ist Liedermacher, Pfarrer und Kommunikationswirt. In den letzten 15 Jahren wurde er durch über 1500 Konzertveranstaltungen für viele zu einem festen Begriff für gute und tiefgehende Texte, humorvolle bis bissige Zwischenansagen und zeitgemäß poppige Gemeindelieder. Viele der bekannten Kirchentaghits stammen aus seiner Feder. Als Beauftragter für musisch-kulturelle Verkündigung in der Evangelischen Kirche von Hessen und Nassau hat er zusammen mit verschiedenen Teams neue geistlich geprägte Kulturveranstaltungen entwickelt und war Initiator und Moderator der RTL-Osterrocknacht und der ZDF-Bistro- und Kleinkunst-Gottesdienste.

Veröffentlichungen
- »Grund genug. Lieder und Texte«, Neukirchen Vluyn 1988
- »Mensch sing mit«, Notengesamtausgabe, Dettenhausen 1992
- »Charmant & herzlich. Kirche mal anders. Bistronachtcafé, Bistro-Gottesdienst«, Hammersbach 1995
- »Auf Wellen kann man gehen. Texte und Gedanken«, Moers 1996
- »Aus heiterem Himmel«, Notenausgabe, Kleinwinternheim 1999
- LP »Mensch, bist du's wirklich« (1981), Ulmtal
- LP »Jeder Mensch braucht einen Menschen« (1983), Ulmtal
- CD »Schwer zu sagen« (1986), Dettenhausen
- CD »Mensch, sing mit 1« (1988), Dettenhausen
- CD »Fenster in die Nacht« (1990), Dettenhausen
- CD »Selten« (1992), Dettenhausen
- CD »Mensch, sing mit 2« (1993), Dettenhausen
- CD »Auf der Grenze« (1995), Dettenhausen

- CD »Lieder vom Kirchentag« (1997), Dettenhausen
- CD »Auf der Grenze – live« (1998), Darmstadt
- CD »Aus heiterem Himmel« (1998), Kleinwinternheim

FABIAN VOGT

ist Pfarrer, Germanist und Künstler. Er betreut seit April 1998 eine von der Evangelischen Kirche in Hessen und Nassau für das Projekt »GoSpecial – der ›etwas andere‹ Gottesdienst« eingerichtete Sonderpfarrstelle in Niederhöchstadt. Er träumt von einer Kirche, in der auch Literatur, Schauspiel und Kabarett neue Wege zu Gott aufzeigen. Er ist verheiratet, Vater von Valentin und Mitglied der Kabarettgruppe »Duo Camillo«.

Veröffentlichungen
- »So ein Theater. Eine Einführung in die Kunst, bewegend(e) Geschichten zu erzählen«, Wiesbaden 1997
- »Die Kunst des Schenkens. Von der Lust, Freude zu bereiten«, Frankfurt 1997
- »Was würde Jesus zu Harald Schmidt sagen?« (Give away), Wiesbaden 1997
- »Der Himmel auf Erden. Beflügelnde Engelgeschichten« (Hrsg.), Asslar 1995
- »Das Paradies auf Erden ... und andere Liebesgeschichten« (Hrsg.), Asslar 1996
- »Ein Traum von Kirche. Wie ein Gottesdienst für Kirchendistanzierte eine Gemeinde verändert«, Asslar 1998 (mit Klaus Douglass und Kai Scheunemann)
- »Der Gottesdienstkatalog. Gottesdienste zum Auspacken und Losfeiern«, Asslar 1998 (mit Klaus Douglass und Kai Scheunemann)
- »Lebe deinen Traum. Wie eine klare Vision den Alltag verändert«, Asslar 1998 (mit Klaus Douglass und Kai Scheunemann)
- CD »Duo Camillo: Einfach köstlich« (1991), Asslar
- CD »Duo Camillo: Aber jetzt« (1993), Asslar
- CD »Hiersein ist herrlich. Balladen mit Texten von Rainer Maria Rilke« (1997), Wiesbaden
- CD »Duo Camillo: Ein Lachen in der Hand« (1995), Asslar
- CD »Don Camillo und die Kids: Komm mit!« (1997), Wiesbaden
- CD »Don Camillo und die Kids: Komm mit in den Urlaub!« (1998), Asslar
- CD »Duo Camillo: Gott liebt Tango« (1998), Asslar
- CD »Nimm den Himmel mit« (1999), Asslar